PAUL MARIÉTON

Une Histoire d'Amour

GEORGE SAND ET A. DE MUSSET

DOCUMENTS INÉDITS — LETTRES DE MUSSET

14ᵉ Édition

PARIS

G. HAVARD FILS, ÉDITEUR

27, RUE DE RICHELIEU, 27

1897

Une

Histoire d'Amour

DU MÊME AUTEUR

Souvenance. . . . . 1 vol.

Soulary et la Pléiade lyonnaise. . . . . . 1 vol.

La Viole d'Amour. . . . . 1 vol

Hellas. 1 vol.

La Terre provençale . . . . 1 vol.

Le Livre de Mélancolie. . . . . 1 vol.

Tous droits de traduction et de reproduction réservés pour tous les pays, y compris la Suède et la Norvège.

S'adresser, pour traiter, à l'éditeur G. Havard fils, 27, rue de Richelieu, Paris.

A MADAME

LA VICOMTESSE DE VARINAY

QUI M'A DEMANDÉ DE LUI CONTER

CETTE HISTOIRE D'AMOUR

Son respectueux ami.

P. M.

INTRODUCTION

L'extraordinaire curiosité qui tout à coup ramène l'attention sur le roman d'amour de George Sand et de Musset porte son enseignement. Les dernières écoles littéraires achèvent de fatiguer le public. La vie dans l'art reprend ses droits. Les poètes de l'idéal et de la passion, même les romantiques, même les prêcheurs d'utopies, sont soudain relus et aimés par la génération qui s'avance. Lamartine a reconquis sa royauté sur les âmes. George Sand et Musset renaîtraient-ils d'un semblable abandon? Voilà deux incontestables génies. Leur éclat s'embrumait depuis un quart de siècle; mais pour les ressusciter à la gloire, « ce soleil des morts », veillait sur les deux ombres une histoire d'amour.

On la connaissait vaguement, cette histoire. Les deux amants avaient pris soin d'en entretenir le public dans leurs œuvres. Encore que mystérieuse, elle constituait le plus clair de leur légende. Et en dehors même de l'art, on continuait de les aimer. Car, bien plus que pour le dernier siècle, l'énigmatique et fameux roman de Mme d'Houdetot et de Jean-Jacques (dont on ne saura rien de précis tant que la famille d'Arbouville refusera de publier les lettres de Rousseau), l'aventure d'amour de George Sand et de Musset sera le grand roman de notre siècle. La *Confession* et les *Nuits*, les contes passionnés de Lélia et le théâtre en liberté de Fantasio, ont troublé et séduit trois générations.

On disait du poète, du poète de la jeunesse, que l'amour d'une femme avait éveillé son génie, pour le faire mourir. On savait aussi que cette maîtresse « qui voulait être belle, et ne savait pas pardonner » avait auréolé la plus glorieuse carrière, d'une vieillesse entourée de vénération. On n'osait franchement plaindre l'un ni excuser l'autre.

Après la mort du poète, George Sand la première avait prétendu se justifier. Paul de Musset répondit pour son frère et d'autres témoins se mêlèrent de la querelle : accusation et défense parurent également suspectes. On attendait donc que le temps permît d'exhumer les papiers intimes. Après soixante-deux ans, le mystère s'est dévoilé.

Deux articles fort documentés ont paru cet été, qui jetaient des lueurs nouvelles sur ces misères de poètes : l'un de M. le vicomte de Spoëlberch de Lovenjoul, l'érudit bibliophile belge, tout sympathique à George Sand, l'autre de M. Maurice Clouard, un fervent de Musset, ce qui semblerait nous désigner ses préférences. Mais leurs conclusions s'accordent mal avec les dernières révélations.

Tout récemment, j'ai traduit et publié le journal intime du docteur Pagello, où il est d'abord conté comment George Sand lui déclara son amour, dans la chambre même de Musset gravement malade à Venise. La déclaration indirecte et encore indécise de la romancière au médecin[1] était publiée à son tour par M. le docteur Cabanès, au cours d'une interview de Pagello lui-même, laquelle confirmait de tout point les assertions du journal, plus précis encore pour être à peine postérieur aux événements évoqués.

Ce journal m'avait été confié il y a six ans. Je ne l'ai fait connaître qu'après avoir acquis la preuve qu'il n'était pas absolument inédit. Si Pagello est discret sur son bonheur pendant la fin du séjour de Musset, il ne dissimule pas quelle sorte d'amour lui

---

1. J'en avais donné une phrase qui peut la résumer : « Je t'aime parce que tu me plais; peut-être bientôt te haïrai-je.

avait offert George Sand. On n'avait jusqu'ici que de vagues données sur ce point.

Pour éclairer ces demi-confidences, j'ai cru pouvoir, sans indélicatesse, citer aussi de longs fragments d'une lettre inédite de George Sand à Pagello, où elle ne dissimule rien de leurs relations. Cette lettre, dont j'avais pris copie sur l'autographe (ceci pour ceux qui ont semblé douter de l'authenticité de mes pièces), apportait le premier document décisif sur l'infortune de Musset *avant son départ de Venise*.

Plusieurs ont jugé bon de déclarer indiscrètes ces révélations, alors que Musset et George Sand ont commencé eux-mêmes à en faire confidence au public. J'ai cru inutile pourtant de donner certains passages plus intimes de la lettre citée, qui n'eussent plus laissé de doutes sur la nature de cette liaison. Le Don Juan féminin qu'était George Sand, sans se montrer impitoyable quand il cessait d'aimer, s'obstinait néanmoins, tout dépourvu qu'il était de scrupules, à dérouter la curiosité sur la légende de ses victimes. Pourquoi refuser à Musset d'être sorti en galant homme d'un amour qui fut également fatal à tous ceux qui en ont goûté?...

Peut-être y avait-il mauvaise grâce à s'attacher ainsi à la démonstration des torts d'une femme. Mais la vie de George Sand n'est-elle pas la raison même de son génie? Et ce génie, instinctif, abondant, romantique et déclamatoire, ne doit-il pas autant à son tempérament qu'à son atavisme et à son éducation? « Ce qu'il y a de meilleur en moi, c'est les autres », écrivait-elle (ou à peu près) à Flaubert. Et dernièrement, Mme Clésinger, justement froissée de ce soudain étalage d'intimités, qui est une des nécessités de la gloire, ne disait-elle pas à ce propos : « Pour moi, le sentiment qui a guidé ma mère et déterminé ses actes, c'est l'horreur de la solitude. Il lui fallait autour d'elle du mouvement, quelqu'un à qui parler, sur qui se reposer, et quelqu'un à protéger... »

Nul doute que la bonté sereine dont s'enveloppa la vieillesse de cette orageuse nature, — plus belle encore dans ses orages, — ne l'absolve aux yeux du moraliste, des inquiétudes de ses jeunes années. Ses erreurs du moins relèvent aujourd'hui de l'histoire littéraire : pourquoi ne pas les constater ?

Un grand tumulte de presse accueillit ces révélations. Ce fut l'événement du jour, la question littéraire à la mode. Sandistes et Mussettistes épiloguèrent sur l'aventure de Venise, cependant que maints chroniqueurs, tout en y trouvant le plus rare profit de « copie », criaient au « scandale », et suppliaient qu'on n'apprît pas davantage au public que ses grands hommes avaient été aussi des hommes.

L'ombre de Lélia vit se lever pour elle une armée de paladins. Pendant quelques jours, la mémoire de son poète resta sans défenseurs. M. Émile Aucante, ancien secrétaire de George Sand (et légataire de ses lettres à Alfred de Musset), protesta dans les journaux contre la « légende de son infidélité ». Il déclara formellement que la Correspondance donnerait la « preuve écrite de la main de Musset que George Sand ne l'avait pas trahi. » — Ces lettres pouvaient-elles apporter une telle preuve? Nous en connaissions déjà quelques fragments par une fine monographie de Musset, qu'avait publiée Mme Arvède Barine, tel cet étonnant passage d'Elle à Lui : « O cette nuit d'enthousiasme, où, *malgré nous*, tu joignis nos mains, en nous disant : « Vous vous aimez et vous m'aimez, pourtant. Vous m'avez sauvé âme et corps. »

Or M. Émile Aucante ne possédait que les lettres de George Sand, et Mme Lardin de Musset s'opposait énergiquement à la publication de celles de son frère... D'ailleurs, qu'eussent prouvé, contre l'infidélité de son amie, les pages suppliantes, craintives, qu'arrachait à Musset, dans sa débilité devant l'amour, la subtile psychologie d'une maîtresse qui, sans perversité peut-être, mais toujours incapable de s'avouer une faiblesse, était parvenue à suggérer à sa victime des paroles de reconnaissance?... Car voilà le cas intéressant de cette banale aventure.

C'était un mal vulgaire et bien connu des hommes...

Et moi-même, racontant pour la première fois la « Véridique histoire des Amants de Venise », j'avais cru devoir tenir moins compte des fragments singuliers de ces lettres du malheureux poète, que de l'honnête mémorial de Pagello et des aveux intimes de George Sand.

La restitution de cette histoire, désormais précise quant aux faits, restait donc énigmatique quant aux psychologies tourmentées qui les avaient conduits. Les révélations continuèrent. *La Revue de Paris* publia les lettres de George Sand à Musset. On en mena grand bruit. Il n'est pas douteux qu'un retour de l'opinion ne se produisit alors en faveur de Lélia. La même revue donna ensuite ses lettres à Sainte-Beuve. Elles précisaient des expériences antérieures à la liaison avec Musset, qui permettaient la défiance. Cette fois l'opinion fut défavorable à George Sand.

Maintenant, qu'apporte ce livre? Une histoire, serrée d'aussi près que possible, de cette attachante aventure d'amour, un exposé synthétique de la vie des deux grands écrivains depuis leur rencontre jusqu'à leur séparation. Les lettres de Musset, jusqu'ici complètement inédites, m'ont été libéralement prêtées par la sœur du poète, Mme Lardin de Musset, qui garde le culte pieux de sa mémoire. Quelle reçoive ici l'hommage de ma respectueuse gratitude. Elle est convaincue que son frère Paul, autant dans sa Biographie d'Alfred de Musset que dans son roman, *Lui et Elle,* n'a pas une seule fois trahi la vérité. Nous la rechercherons aussi, aidé de tous les documents nouveaux que nous allons produire.

Y avait-il nécessité ou intérêt à exhumer dans ses détails un épisode intime vieux de soixante ans? — J'estime que sans encourir un reproche quelconque d'indiscrétion ou d'indélicatesse on a droit, pour les grandes œuvres, à remonter aux sources secrètes de leur génération. Sainte-Beuve lui-même nous a appris à ne pas isoler l'œuvre de la vie. Où s'arrête la biograhie d'un grand homme? Là où elle cesse de nous intéresser, c'est-à-dire d'être nécessaire à l'explication de ses chefs-d'œuvre.

Décembre 1896.

SOMMAIRE

I. — George Sand et Alfred de Musset en 1833.

II. — George Sand et ses Amis (janvier-juin 1833).

III. — Les premières amours de George Sand et de Musset (juin-décembre 1833).

IV. — Le roman de Venise (19 janvier-30 mars 1834).

V. — La vie de George Sand et du Dr Pagello a Venise (avril-août 1834).

VI. — Le retour de Musset. — Correspondance entre Paris et Venise (avril-août 1834).

VII. — George Sand, Pagello et Musset a Paris (août-octobre 1834).

VIII. — Le drame d'amour (octobre 1834-mars 1835).

IX. — Après la rupture. — La légende.

UNE
HISTOIRE D'AMOUR

I

George Sand et Alfred de Musset se sont connus au mois de juin 1833. Diversement célèbres, mais jeunes tous deux et égaux de génie, quels talents et quelles âmes allaient-ils rapprocher?

Musset n'a pas vingt-trois ans. C'est déjà l'auteur des *Contes d'Espagne et d'Italie* et du *Spectacle dans un fauteuil,* le poète de *Don Paez* et de *Mardoche,* de *la Coupe et les Lèvres* et de *Namouna.* Ce classique négligé qui sort du Cénacle d'Hugo, effare en même temps la vieille école et la nouvelle. Il vient de donner les *Caprices de Marianne* et achève d'écrire *Rolla.*

Au plus fort du Romantisme, il a ramené l'esprit dans la poésie française. Il apporte cette insolente et bien vivante preuve qu'on peut être un écrivain de génie, rien qu'à traduire une sensibilité frémissante, quand elle est servie par un goût inné. « Chose ailée et divine et légère », son talent ne semble point d'un professionnel. Ce grand poète est un dilettante, une abeille qui fait son miel de mille fleurs. Mais de toutes ces fleurs exotiques dont il a savouré l'arome, il rapporte un miel bien à lui, bien français. Que lui importe ce qu'on qualifie d'originalité ! Ces entraînements de l'opinion ne prouvent bien souvent que mépris du génie en faveur du talent... Si sa voix devient l'écho mélancolique des jeunes âmes de son milieu et de son temps, il n'aspirera pas plus haut. En ne chantant que pour lui-même, il chantera au nom de tous.

Si restreint qu'en soit l'espace, il préfère sa fantaisie à tout ce qui peut brider l'indépendance d'enfant gâté qui fait le naturel et le charme de son esprit, — même la recherche trop précise de pittoresque, même les conceptions trop hautes de la philosophie. Il en fera toujours le sacrifice à ce goût léger mais sûr, conscient de sa valeur française, qui se contente de sentir harmonieusement. Oui, surtout, âme française, française jusqu'à l'agacement, cœur loyal, esprit fin et de race toujours, élégant et hautain dans sa féminine faiblesse, ce poète qu'on a voulu nous faire prendre pour un don Juan de tavernes et de mauvais lieux.

L'homme d'amour qu'il nous peindra, en ne racontant que lui-même, n'est si humain, entre tous ceux de nos poètes, que parce qu'il est le plus faible. On a dit de Musset qu'il était le grand poète de ceux qui n'aiment pas les vers. C'était avouer qu'il a touché le cœur de tous, ce libertin à l'âme mystique, ce débauché assoiffé d'amour pur, ce spirituel et ce triste. « Un jeune homme d'un bien beau passé », l'avait ironiquement jugé Henri Heine. Il l'avait pourtant bien compris, lui qui a tout compris, le jour qu'il écrivait : « La Muse de la Comédie l'a baisé sur les lèvres, la Muse de la Tragédie, sur le cœur. »

La vie et le génie de Musset sont tout entiers dans sa jeunesse. La jeunesse lui semblait sacrée, comme l'unique raison de la vie et sa plus certaine beauté. C'est pourquoi il n'a d'autre histoire que celle de son cœur.

Quand il rencontre George Sand, c'est encore l'enfant sublime, et déjà l'enfant perdu. Mais le profond du cœur n'est pas atteint. Certes, il a vécu sans trop de mesure, parfois même il a fait parade de ses débauches de jeunesse. Mais il entre dans ce snobisme un peu de la mode romantique, cette recherche du fatal et de l'étrange, qui lui a inspiré son premier livre si peu connu, *l'Anglais mangeur d'opium* (adapté de Thomas de Quincey)[1].

George Sand, trente ans plus tard, dans une lettre à Sainte-Beuve, écrira : « Pauvre enfant ! *il* se tuait ! Mais *il* était déjà mort quand *elle* l'avait connu ! *Il* avait retrouvé avec *elle* un souffle, une convulsion dernière[2] !... »

Ce n'était que rancune contre Paul de Musset : *Lui et Elle* venait de paraître (1861) en réponse à *Elle et Lui*.

Si le poète a abusé de la débauche, il est resté généreux, comme sont les faibles. Déjà son génie est mûr pour les grands cris humains. L'esprit gai et le cœur mélancolique, il n'a qu'effleuré les joies et les douleurs du véritable amour. Voici venir la passion qui transformera son âme, qui, épurant et élevant ses qualités natives, lui arrachera des cris immortels.

---

1. *L'Anglais mangeur d'opium*, traduit de l'anglais par A. D. M., 1 vol. in-18. Paris, Mame et Pincebourde, 1828.
2. Lettre publiée par le vicomte de Spoëlberch de Lovenjoul. *Cosmopolis* du 1ᵉʳ juin 1896.

George Sand touche à la trentaine. Elle a aussi sa légende ; mais celle-ci a dépassé les bornes d'un cénacle. Elle est célèbre pour sa vie indépendante dans un mariage qu'elle n'a pas rompu, pour ses allures d'androgyne, son goût des paradoxes sociaux, sa liaison avec Jules Sandeau, leur livre (*Rose et Blanche*, signé « Jules Sand »), ses livres surtout, *Indiana* et *Valentine*. Elle achève *Lélia* qui va mettre le sceau à sa gloire future.

Ce n'est pas ici le lieu de conter la première jeunesse de George Sand. On nous en a donné récemment un tableau qui semble véridique[1], à l'aide de sa correspondance inconnue et de cette *Histoire de ma vie*, où elle-même nous a dit ses premières années, avec une sincérité qu'on ne peut mettre en doute et un incomparable charme. Il faut cependant la résumer en quelques traits, pour expliquer les influences qui ont régi sa vie.

Petite-fille du receveur-général Dupin de Francueil et d'une bâtarde de l'aventureux et brillant Maurice de Saxe, — femme indulgente et fine, à l'esprit fort et cultivé, aïeule d'ancien régime, qui fut sa vraie éducatrice, — elle est

---

1. S. ROCHEBLAVE, *George Sand avant George Sand*, dans la *Revue de Paris* du 15 mars 1896.

née des amours d'un soldat, leur enfant prodigue, avec la fille d'un oiseleur.

Entre sa grand'mère aristocrate et sa mère restée très peuple, elle fut tiraillée et troublée dans ses jeunes tendresses. Le couvent des Augustines de Paris, où on la mit de bonne heure, développa ses penchants mystiques. De retour à Nohant, ces souvenirs religieux, l'influence contraire de sa grand'mère et du bonhomme Dechartres, qui avait été le précepteur de son père, des lectures enthousiastes de Chateaubriand et de Rousseau, enfin le sentiment de la nature, qu'éveillaient en elle ses promenades dans la *Vallée Noire*, ce paysage du Berry qu'elle a fait légendaire, s'amalgamèrent dans cette âme pour former son génie rêveur et passionné, mélancolique et oratoire, pour alimenter sa verve descriptive, abondante comme une source, vers les grands horizons, pourtant désenchantés, du plus invincible optimisme.

Mme Dupin de Francueil étant morte, elle passait quelque temps chez sa mère, à Paris, puis se mariait. L'homme qu'elle épousait (1822), dans l'espoir de l'amour, mais sans enthousiasme, M. Casimir Dudevant, fils naturel d'un colonel baron de l'Empire, avait été lui-même soldat. Jeune encore, mais de peu d'imagination, il ne tardait pas à se laisser enlizer par la vie rurale.

On peut croire qu'il fut longtemps sans soupçonner la valeur d'intelligence et de sensibilité de sa compagne. Il devait bientôt cesser de lui plaire, pour un prosaïsme peut-être sermonneur, qui heurtait chez elle de vifs penchants à l'exaltation romantique.

Buvait-il plus que de raison et était-il aussi brutal qu'on l'a laissé entendre ? Nous ne le rechercherons pas. Du moins le séjour de Nohant pesait-il à la jeune femme, malgré les fréquents voyages à l'aide desquels son mari s'ingéniait à la distraire. Au cours d'une de ces absences, souvent fort prolongées, Aurore Dudevant rencontrait à Bordeaux, revoyait à Cauterets, l'homme qui lui a révélé l'amour.

C'était un jeune magistrat, M. Aurélien de Sèze, dont le grand sens et l'honnêteté retardèrent de six ans, — les six ans que dura cette affection platonique, — la crise qui fera quitter son foyer à celle qui sera George Sand. Mais nous ne pouvons nous attarder sur cette période de sa vie, d'ailleurs incomplètement explorée.

La monotone compagnie de M. Dudevant lui devenait insupportable.

Après neuf ans de mariage et sans vouloir s'avouer l'inquiétude de ses sens, — elle affecta toujours de n'en pas convenir, — elle s'était violemment avisée que l'heure était venue de vivre à sa fantaisie, sans pourtant rompre tout à fait.

Un beau matin, sur le premier prétexte, elle se montre offensée, déclare son intérieur intolérable et demande une pension, pour partager sa vie entre Paris, où elle fera métier d'écrire, et Nohant, où elle retrouvera ses enfants. M. Dudevant accepte, résigné, et en janvier 1831, la jeune femme, ivre d'air libre et d'espérance, débarque au quartier Latin où l'attend un petit groupe ami d'étudiants berrichons.

Alors commence cette existence en partie double, bourgeoise et rangée en Berry, près de ses enfants, trois mois sur six, singulièrement émancipée les trois mois suivants à Paris. — Déjà s'établissait sa légende. La châtelaine patiente et rêveuse de Nohant se transformait en un étudiant imberbe, aux longs cheveux bouclés, coiffés d'un béret de velours, noir comme eux, vêtu d'une redingote de bousingot, arborant la cravate rouge, et toujours la cigarette aux lèvres.

Son costume était, d'ailleurs, la moindre de

ses libertés. A peine dissimulait-elle, dans sa société de Paris, sa liaison avec Sandeau. Si elle essaie de se justifier de cette indépendance dans l'*Histoire de ma vie*, — étrange histoire, en effet, dont le malheureux Chopin disait à Delacroix qu'il la défiait bien de l'écrire, et qui n'est plus que réticences au moment où on y cherche des révélations, — du moins sa correspondance l'accable. Non pas ses lettres déférentes à sa mère, Mme Dupin, ou passionnées de tendresse à son fils, mais celles à ses amis berrichons, ses compagnons de Paris, Alphonse Fleury, Charles Duvernet, à l'effarouché Boucoiran lui-même, son confident de la première heure, lettres où un furieux amour de liberté quand même, voire de bohème, éclate entre les lignes... Mais on jasait d'elle maintenant à la Châtre. Agacée, elle prit ses coudées franches.

Sa liaison avec Jules Sandeau dura trois ans. L'histoire en est encore imparfaitement connue : nous savons qu'elle reprit elle-même chez lui sa correspondance, après la rupture, et la brûla. On a dit qu'elle l'avait aimé tendrement, croyant s'engager pour la vie... Ses premières aventures d'amour nous découvriraient plutôt son cerveau que son cœur. Après Sandeau, « elle essaya d'autres liaisons qui furent malheureuses ou vaines, telles que celles avec Mérimée et Gustave Planche », a écrit son confident Sainte-Beuve[1]. C'est encore l'étudiante, la frondeuse de tous « préjugés », double scandale qui la poursuivra longtemps. Elle demeure volontiers l'amie de ceux qu'elle a quittés, sachant vite se ressaisir. Mais déjà le fond est désenchanté. Avec Musset enfin, elle espère atteindre au bonheur. Pas plus avec lui, pourtant, que plus tard avec Michel de Bourges, un haut esprit, son maître, qu'elle aimera jusqu'à l'adoration, et avec Chopin qui, lui, mourra de son amour, elle ne trouvera la paix du cœur, qu'elle souhaite, — sans la chercher peut-être, car la loi du génie, « ce deuil éclatant du bonheur », comme disait Mme de Staël, est de la contrarier toujours. Mais sa rencontre avec Musset, lui révélant les affres de l'amour, initiera le psychologue aux ressorts de cette âme complexe.

Un profond instinct maternel déborde sur ses passions de femme, les transformant. Maternelle un peu à la façon de Mme de Warens, elle l'est avec moins de mollesse, avec tout son

---

[1]. Note annexée aux lettres que lui écrivit George Sand. Cf. vicomte de Spoëlberch de Lovenjoul, *les Lundis d'un chercheur*, p. 173, in-8°; Calmann Lévy, 1894.

génie actif, abondant, fier et triste. Elle a laissé ruisseler une imagination ardente et pratique à la fois, dans toute son œuvre, — cet immense miroir de la nature et de l'amour où son instinctive indulgence se prodigue jusqu'à sembler indifférente à tout. Bonne pour tous, en effet, ce qui l'aura faite si cruelle pour quelques-uns. Éprise d'amitié jusqu'à y sacrifier sa dignité même ; amante pour être plus amie, a-t-on dit ; incapable de chagriner longtemps personne, et s'abandonnant toute pour l'éviter ; mais terriblement femme aussi, et conduite par une inexorable fantaisie.

Sa libre éducation avait mis en elle les germes d'une erreur qui fait de son œuvre un long sophisme. Une excessive pitié de la femme lui donna de bonne heure l'obsession de l'égalité des sexes. Cette pitié dédaigneuse n'allait pas sans une intime colère contre les immunités de l'homme. Elle méprise la femme, qu'elle n'a guère connue et peinte que d'après elle-même, pour ne pas comprendre que l'homme puisse attacher tant d'importance à cet être incohérent et faible. Elle n'est pas sans un vif instinct de coquetterie, — qu'elle réprime le plus souvent, par bonté d'âme, — ni sans certaine expérience de ses charmes.

Aussi réclame-t-elle pour son sexe tous les privilèges masculins, d'où ses revendications de l'amour libre et sa condamnation du mariage. — Naturellement plus douée de curiosité que de tempérament, elle aventura son âme romanesque dans les plus paradoxales contrées du sentiment. Sa recherche obstinée de l'amitié là où elle ne pouvait trouver que l'amour fut une autre erreur capitale de sa vie. La confusion perpétuelle qu'elle en fit, et dont témoignent ses lettres comme ses romans, explique les infortunes de sa jeunesse, ses faiblesses, ses utopies. Elle pensa s'en consoler plus tard, en cherchant à contenter son optimisme par un vague idéal humanitaire. La Nature seule put la rasséréner, qui lui dicta ses vrais chefs-d'œuvre.

Ainsi l'indépendance règne au fond de son âme, si obstinée, si rangée pourtant. Son grand sens pratique modère l'ivresse d'artiste qui lui fait aimer son labeur. Elle embourgeoise tout au nom de l'idéal, — car l'idéalisme rejoint le naturalisme dans une exclusive poursuite de la vérité...

Sa nature, en somme, la fait peu aristocrate. Les révoltés ne le sont jamais. Son travail méthodique, sa régularité patiente, impassible

— bovine — à *faire de la copie,* parmi les plus graves agitations de son âme, prouvent chez elle une fantaisie pratique, toute d'insoumission raisonnée. Quand une passion a cessé de la faire vibrer, elle s'en détache. Elle ne se reprit à Musset qu'au contact exaltant de sa grande douleur... Elle redevenait orgueilleuse à sentir qu'il la lui devait !

Les prétentions aristocratiques de Musset devaient altérer de bonne heure leur entente amoureuse. Orgueilleux de son « monde », sinon de sa naissance, le poète dédaignait la vie et l'atmosphère bourgeoises, comme tous les artistes de race, ne se plaisant comme eux qu'avec la société riche et élégante, l'élite féminine, ou le vrai peuple. Le goût que manifesta de bonne heure George Sand pour les démocrates, pour l'esprit ouvrier, devait irriter son ami dans ses fibres secrètes. A cette considération dont on n'a guère tenu compte, il faut ajouter le déséquilibre physiologique du poète. Ses crises nerveuses, jamais bien expliquées, faisaient craindre pour lui la folie. On a même parlé d'attaques d'épilepsie. Mais Mme Lardin de Musset, qui, jusqu'à son mariage (1846), n'a pas quitté son frère, m'a démenti formellement qu'il ait été sujet à rien de semblable.

Quand éclata la crise, l'un et l'autre se sentaient-ils humiliés ? George Sand avait d'abord pris Musset pour un enfant : ceci ne se pardonne guère, aux heures clairvoyantes. Mais Musset était un bon enfant : il passa bien vite à sa maîtresse cette manie de protection. L'abus qu'elle faisait de la déclamation sermonneuse l'agaça davantage, et surtout son obstination à poétiser ses faiblesses...

La mère du poète, qui d'abord s'était opposée au voyage en Italie, avait fini par « consentir à confier » son fils à George Sand, comme à une femme de grand renom, plus âgée que lui de six ans et relativement grave, malgré des erreurs trop connues.

Elle préférait pour lui ce voyage avec une amie... intellectuelle, au séjour de Paris, nuisible à sa santé. Or, Musset entendait trouver dans son amie mieux que l'amour d'une seconde mère. On sait que tous les amants de Lélia s'entendirent appeler ses enfants...

Si Musset se sentait de l'orgueil, elle en avait, elle en laissait voir plus que lui. Et, sa dignité toujours en avant, elle ne savait abdiquer le souci constant d'un labeur qui assurait l'indépendance de sa vie.

Quoique *gendelettres* tous deux, mais plus

poètes qu'artistes, ils n'en restaient pas moins jeunes et sincères. Leurs lettres n'ont pas été écrites pour la postérité ; elles n'en sont que plus curieuses pour elle. Les courts fragments cités par Mme Arvède Barine dans sa pénétrante monographie de Musset[1], avaient fait pressentir les perles que recélait ce terreau... mélangé. Pour la première fois, on va pouvoir juger de cette correspondance. Elle nous guidera dans l'exposé du plus fameux des romans d'amour. Mais reprenons-le à ses origines pour en mieux préciser l'évolution.

1. Les grands écrivains français : *Alfred de Musset*, in-18, Hachette, 1894.

II

La liaison de George Sand avec Jules Sandeau vient de finir, — comme finiront tous les amours de Lélia. Elle n'est que désenchantée, quand Lui emporte une secrète blessure. Rarement il la dévoilera, au cours de sa longue carrière. C'est un silencieux. Mais s'il n'en veut pas donner confidence au public, chaque fois qu'il lui arrivera d'y faire allusion, ce sera d'un mot dont la cruauté brève suspend tout jugement sur l'être d'exception qu'a été George Sand. — « Le cœur de cette femme est comme un cimetière, a-t-il dit, on n'y rencontre que les croix de ceux qu'elle a aimés. »

Leur liaison a duré trois ans. Quant à elle, elle est rassasiée de l'amour. Ses amis, que la présence de Sandeau n'avait pas rebutés, se rapprochent. Ils ont tout crédit chez elle et plus d'autorité que jamais sur sa vie. Avec le fidèle Boucoiran, le précepteur intermittent de son fils, un être bon et faible qui est et restera toujours « son enfant », son meilleur ami est Gustave Planche.

Du jour où elle fut sans amant, il est à supposer qu'il espéra son tour. Il connaissait George Sand depuis ses débuts à Paris. De quatre ans plus jeune qu'elle, il prenait bientôt cependant, sur son ardent esprit, par un goût d'austère puriste et des connaissances qu'elle déclarait infinies, un de ces ascendants qu'elle rechercha toujours et dont si merveilleusement elle tira profit pour son œuvre. Nous reviendrons plus loin sur leurs relations. Mais ce premier signalement de Gustave Planche dans les avatars de George Sand nous prépare à l'entrée en scène de Sainte-Beuve, chez qui le conseiller littéraire va se doubler d'un conseiller intime, d'un confident d'amour.

Il n'en a pas fait mystère : c'est à lui que nous devons de connaître quelques-unes des lettres qu'elle lui écrivit durant la période troublée où elle cherchait sa voie. Dans un des curieux appendices de ses *Portraits Contemporains*, — sortes de codicilles du testament littéraire que constituent ses derniers livres ¹, Sainte-Beuve a esquissé avec plus de charme que de discrétion, — George Sand vivait encore, — l'état d'âme de ce beau génie féminin pendant ces six mois critiques et décisifs. Et il a donné à l'appui les pages intimes « les plus vraies, les plus naïves et les plus modestes où elle s'ouvrait à lui de son cœur et de son talent ».

Ils avaient fait connaissance en janvier 1833. A la suite d'articles publiés par Sainte-Beuve sur *Indiana* et *Valentine*², Gustave Planche lui avait dit que l'auteur désirait le voir pour le remercier. « Nous y allâmes un jour vers midi ; elle habitait depuis peu, et seule, le logement du quai Malaquais. Je vis en entrant une jeune femme aux beaux yeux, au beau front, aux cheveux noirs un peu courts, vêtue d'une sorte de robe de chambre sombre des plus simples. Elle écouta, parla peu et m'engagea à revenir. Quand je ne revenais pas assez souvent, elle avait le soin de m'écrire et de me rappeler. En peu de mois, ou même en peu de semaines, une liaison étroite d'esprit à esprit

---

1. *Portraits contemporains*, 1868 (cinq volumes où sont réimprimés les plus anciens articles de Sainte-Beuve), t. I, p. 506-523. Paris, Calmann Lévy.
2. Le *National* des 5 octobre et 31 décembre 1832.

se noua entre nous. J'étais garanti alors contre tout autre genre d'attrait et de séduction par la meilleure, la plus sûre et la plus intime des défenses. Ce préservatif contre un sentiment d'amour, en présence d'une jeune femme qui excitait l'admiration, fut précisément ce qui fit la solidité et le charme de notre amitié. George Sand voulut bien me prendre à ce moment délicat de sa vie, où elle arrivait à la célébrité, pour confident, pour conseiller, presque pour confesseur [1]. »

George Sand écrivait alors *Lélia*, Sainte-Beuve *Volupté*. Tous deux se consultaient sur leurs romans. Des entretiens littéraires, ils passaient aux confidences intimes. Elle venait de rompre avec Jules Sandeau, et à peine libre, « dans un véritable isolement moral, elle se demandait quels amis et quel ami elle se pourrait choisir parmi tous ces visages nouveaux de gens à réputation diverse qu'elle affrontait pour la première fois [2] ». Sainte-Beuve s'offrit à lui présenter ceux qu'il fréquentait et jugeait dignes d'elle. Elle refusa de connaître Musset, mais elle eut la curiosité d'Alexandre Dumas (mars 1833). Ils se plurent

---

1. *Portraits contemporains*, I, p. 507.
2. *Id.*, I, p. 509.

médiocrement, semble-t-il. Vers la même date, elle écrit à Sainte-Beuve qu'elle « recevra Jouffroy de sa main », le priant de le prévenir de son extérieur sec et froid, de son attitude silencieuse. Cette rencontre fut encore passagère. Mais la même lettre nous éclaire singulièrement sur le pessimisme qu'apportait George Sand dans ses expériences : « Je crains un peu ces hommes vertueux de naissance. Je les apprécie bien comme de belles fleurs et de beaux fruits, mais je ne sympathise pas avec eux ; ils m'inspirent une sorte de jalousie mauvaise et chagrine... Il n'y a pas de confiance entière possible à réaliser. Les gens qu'on estime, on les craint et on risque d'en être abandonné et méprisé en se montrant à eux tel qu'on est ; les gens qu'on n'estime pas comprendraient mieux, mais ils trahissent. »

Le complément de ces lettres singulièrement captivantes vient de paraître [2]. L'ensemble constitue le document le plus sûr et à peu près unique d'ailleurs, que nous possédions sur l'état d'âme de George Sand pendant cette crise de sa vie. Sainte-Beuve fut-il touché lui-même

---

1. *Portraits contemporains*, I, p. 511.
2. George Sand, *Lettres à Sainte-Beuve*. Revue de Paris du 15 novembre 1896.

par la grâce étrange et le charme de cette nouvelle amie ? A certaines phrases de George Sand on pourrait le penser : « Vous m'avez dit que vous aviez peur de moi (lettre de mars). » Mais s'il en fut réellement ainsi, soit respect de l'intimité de Gustave Planche avec elle, soit crainte d'être rebuté dans une autre attitude que celle de confesseur, soit excessive timidité, il est hors de doute qu'il n'insista pas. Il avait pris soin, bientôt, de faire confidence à sa pénitente d'une affection profonde et jalousée, qui le détournait de tout autre désir, — celle dont il a rempli, sincèrement ou non, son fameux *Livre d'amour*, daté du même temps pour la plupart des pièces.

Dans ces lettres de George Sand à Sainte-Beuve, il y a une lacune d'un mois. La suite de la correspondance nous l'explique.

Une liaison avec Mérimée, courte et malheureuse, en avril 1833, y est définitivement révélée. On en avait chuchoté jadis, mais en somme on n'en savait rien. Le premier, M. Augustin Filon, dans son excellente monographie du maître de *Colomba*, avait recueilli ces rumeurs. Incidemment, à propos des années de dissipation de Mérimée, il nous expliquait la défiance de toute sa vie à l'égard des bas-bleus, par cette escarmouche rapide entre lui et le plus grand d'entre eux. « Le court passage de Mérimée dans les bonnes grâces de Mme Sand est un fait d'histoire littéraire, écrit-il, sur lequel s'est greffée une légende assez amusante. D'après cette légende, Sainte-Beuve, voyant que Mme Sand était seule et souffrait de cette solitude, lui aurait « donné » Mérimée, et, dès le lendemain, George Sand lui aurait écrit pour lui rendre et lui reprocher ce cadeau. Il n'est pas vrai que Sainte-Beuve ait joué ce rôle trop bienveillant et qu'il ait béni l'union civile de Mérimée et de Mme Sand. Mais il est exact qu'il reçut des confidence et des plaintes[1]. »

La vérité est que cette liaison ne fut confessée à Sainte-Beuve que cinq mois après. Au ton dont George Sand la lui raconte dans ses lettres d'août et de septembre, quand elle a retrouvé l'amour avec Musset, on conçoit les raisons de femme et de psychologue qui la lui avaient fait dissimuler à son directeur. La rencontre fut brève et nette, digne de l'homme raffiné et précis qu'était Prosper Mérimée. Il paraît bien l'avoir traitée comme une aventure d'étudiants. Mais George Sand, qui était de son âge,

---

1. Augustin Filon, *Mérimée et ses amis*, p. 64, in-16, Hachette, 1894.

ainsi que son égale en génie, resta froissée et plus étonnée encore de ce dédain de sa personne et de son âme. Écoutons ce ressouvenir :

... Un de ces jours d'ennui et de désespoir, je rencontrai un homme qui ne doutait de rien, un homme calme et fort, qui ne comprenait rien à ma nature et qui riait de mes chagrins. La puissance de son esprit me fascina entièrement ; pendant huit jours je crus qu'il avait le secret du bonheur, qu'il me l'apprendrait, que sa dédaigneuse insouciance me guérirait de mes puériles susceptibilités. Je croyais qu'il avait souffert comme moi, et qu'il avait triomphé de sa sensibilité extérieure. Je ne sais pas encore si je me suis trompée, si cet homme est fort par sa grandeur ou par sa pauvreté.

... Je ne me convainquis pas assez d'une chose, c'est que j'étais absolument et complètement Lélia. Je voulus me persuader que non ; j'espérais pouvoir et abjurer ce rôle froid et odieux. Je voyais à mes côtés une femme sans frein, et elle était sublime[1] ; moi, austère et presque vierge, j'étais hideuse dans mon égoïsme et dans mon isolement. J'essayai de vaincre ma nature, d'oublier les mécomptes du passé. Cet homme qui ne voulait m'aimer qu'à une condition, et qui savait me faire désirer son amour, me persuadait qu'il pouvait exister pour moi une sorte d'amour supportable aux sens, enivrant à l'âme. Je l'avais compris comme cela jadis et je me disais que peut-être n'avais-je pas assez connu l'amour moral pour tolérer l'autre : j'étais atteinte de cette inquiétude romanesque, de cette fatigue qui donne des vertiges et qui fait qu'après avoir nié, on remet tout en

---

1. Mme Dorval.

question et l'on se met à adopter des erreurs beaucoup plus grandes que celles qu'on a abjurées.

... L'expérience manqua complètement. Je pleurai de souffrance, de dégoût et de découragement. Au lieu de trouver une affection capable de me plaindre et de me dédommager, je ne trouvai qu'une raillerie amère et frivole. Ce fut tout.

Si Prosper Mérimée m'avait comprise, il m'eût peut-être aimée, et s'il m'eût aimée il m'eût soumise, et si j'avais pu me soumettre à un homme, je serais sauvée, car ma liberté me ronge et me tue. Mais il ne me connut pas assez, et au lieu de lui en donner le temps, je me décourageai tout de suite et je rejetai la seule condition qui pût l'attirer à moi.

Après cette ânerie, je fus plus consternée que jamais, et vous m'avez vue en humeur de suicide très réelle. Mais s'il y a des jours de froid et de fièvre, il y a aussi des jours de soleil et d'espérance.

Puis, peu à peu, je me suis remise, et même cette malheureuse et ridicule campagne m'a fait faire un grand pas vers l'avenir de sérénité et de détachement que je me promets en mes bons jours. J'ai senti que l'amour ne me convenait pas plus désormais que des roses sur un front de soixante ans, et depuis trois mois (les trois premiers mois de ma vie assurément!) je n'en ai pas senti la plus légère tentation[1].

Ces trois mois sans passion n'ont pas été trois mois de calme. Ses confidences à Sainte-Beuve recommencent en mai; elle est grave et le sermonne à son tour. Mais la revoilà, en juin, dans

---

1. *Revue de Paris* du 15 nov. 1896, p. 280. Cette lettre est (des premiers jours) de juillet 1833.

un grand trouble : son ami lui devient un refuge. A la voir s'abandonner ainsi, on est tenté de s'étonner qu'elle n'ait pas rêvé un instant à changer sa vénération en tendresse. La liaison qui le garde d'elle l'aurait-elle agacée de quelque jalousie? Vraisemblablement, elle a reçu de son directeur une lettre amère. Peut-être déjà l'ennuie-t-elle. Mais elle ne se décourage pas. Sa plainte est longue, nerveuse et douloureuse. Elle se dit seule, désenchantée de tout : l'amitié même n'existe pas! Mais Sainte-Beuve l'a rassurée. Dans une lettre du 3 août, elle semble apaisée. Quelque chose de nouveau a surgi dans sa vie. — « Pour rien au monde, lui écrit-elle, je ne voudrais abuser de votre dévouement. » Et elle se fait protectrice à son tour.

Ce qui a surgi dans sa vie, c'est un nouvel amour, un amour inconnu, tout de fraîcheur, de poésie et de tendresse, qui lui rapporte tout à coup les illusions de la jeunesse et de l'espérance.

Tous les biographes de Musset ont écrit qu'il avait rencontré George Sand au printemps de 1833. En réalité leurs relations ne datent que de la fin de juin. Nous savons que Sainte-Beuve voulait dès le mois de mars présenter le poète à son amie, et qu'elle avait refusé, le trouvant trop... différent pour ses habitudes. « A propos, réflexion faite, écrivait-elle, je ne veux pas que vous m'ameniez Alfred de Musset. Il est trop dandy, nous ne nous conviendrions pas, et j'avais plus de curiosité que d'intérêt à le voir. Je pense qu'il est imprudent de satisfaire toutes ses curiosités, et meilleur d'obéir à ses sympathies [1]. » De son côté peut-être, Musset se défiait de la romancière sur sa légende déjà tapageuse. Mme Lardin de Musset me rapporte qu'il disait alors : « Elle n'a donc jamais rencontré un homme convenable? Comme tous ses héros me déplaisent ! » Ces réserves expliqueraient le retard de leur rencontre. Mais leur rencontre était fatale. Et sans doute un instinct secret les avertissait-il de l'approche de la souffrance, ce vertige de l'abîme, où s'éveille le génie des poètes.

Tous deux collaboraient à la *Revue des Deux Mondes* et le groupe de Buloz fréquentait plus ou moins chez George Sand. La plus ancienne mention de son nom sous la plume de Musset est dans une pièce peu connue, encore qu'imprimée plusieurs fois : *le Songe du Reviewer* [2].

---

1. *Portraits contemporains*, I, 510.
2. *Intermédiaire des chercheurs et des curieux* du 10 oct.

Elle nous renseigne sur la pléiade de la *Revue*, à son âge d'or :

1

Buloz[1] est sur la grève
Pâle et défiguré ;
Il voit passer en rêve
Gerdès[2] tout effaré.
La matière abonnable
Se meurt du choléra ;
L'épreuve est détestable
Il faut un errata.

2

Il voit son typographe
Transposer ses placards.
Des fautes d'orthographe
Errent de toutes parts.
Des lettres retournées
Flottent en se heurtant ;
Des lignes avinées
Dansent en tremblotant.

1891 et vicomte de Spoëlberch de Lovenjoul : *les Lundis d'un chercheur*, in-18, Calmann Lévy, 1894.

1. François Buloz (1804-1877) prit en 1831 la direction de la *Revue des Deux Mondes, journal des Voyages*, pour en faire le recueil célèbre duquel son nom est inséparable. De 1835 à 1845 il dirigea en même temps la *Revue de Paris*.
2. Caissier de la *Revue*.

3

De tous côtés aboient
Des contresens obscurs,
Et les marges se noient
Dans les *déléaturs*.
Il pleut des caractères ;
Le B manque dans tous,
Et des pages entières
Boivent comme des trous.

4

Lœwe[1] a fait héritage
De quatre millions ;
Dumas meurt en voyage
Faute d'*Impressions*.
Dans les filles de joie
Musset s'est abruti ;
Ampère[2], en bas de soie,
Pour l'Afrique est parti.

5

Brizeux est à la Morgue,
Sainte-Beuve au lutrin ;
Quinet est joueur d'orgue
A Quimper-Corentin.

---

1. Lœve-Veimars (1801-1854), humoriste romantique et diplomate, auteur du *Népenthès*.
2. J.-J. Ampère, l'historien, l'ami de Mme Récamier.

Delécluse[1] est modèle
A l'atelier de Gros;
Roulin[2] est infidèle
A ses choux les plus beaux.

6

George Sand est abbesse
Dans un pays lointain;
Fontaney[3] sert la messe
A Saint-Thomas-d'Aquin;
Fournier[4] aux inodores
Présente le papier;
Et quatre métaphores
Ont étouffé Barbier.

7

Cette nuit Lacordaire
A tué de Vigny;
Lerminier[5] veut se faire
Grotesque à Franconi;

---

1. Et.-Jean Delécluze (1781-1863), peintre et littérateur, historien, critique d'art, défenseur des doctrines classiques.
2. Roulin avait fait dans la *Revue des Deux Mondes* plusieurs articles d'histoire naturelle où il était question de choux. (Note de M. de Lovenjoul.)
3. Écrivain romantique et poète, vaguement diplomate, mort en 1837. Il signa presque toutes ses œuvres des pseudonymes de *Lord Feeling* et *O'Donnoz*.
4. Imprimeur de la *Revue*.
5. Eug. Lerminier (1803-1857), philosophe et jurisconsulte.

> Planche est gendarme en Chine;
> Magnin[1] vend de l'onguent;
> Le monde est en ruine :
> Bonnaire[2] est sans argent!!

Nous retrouverons dans la suite plusieurs de ces noms diversement célèbres. L'un d'eux mérite de nous retenir encore. Depuis deux ans, avant comme après sa courte liaison avec Mérimée, George Sand, nous l'avons dit, avait pour grand ami Gustave Planche. Il avait succédé près d'elle à Henry de Latouche[3], dans le rôle d'inspirateur, de conseiller littéraire. Nul doute qu'il n'en devînt sincèrement amoureux; mais elle le maintint dans l'ordre platonique. Il avait du moins deviné son génie.

Elle eut un guide précieux en ce bourru bienfaisant qui est resté comme le type du critique intraitable et brutal. Ses livres, qu'on ne lit plus, tiennent encore leur place dans l'évolution littéraire du siècle. Avec ses dons sérieux il eut la plus saine influence sur l'éduca-

---

1. Charles Magnin, érudit et polygraphe.
2. Le plus fort actionnaire de la *Revue*, à cette époque. (Note de M. de Lovenjoul.)
3. H. Thabaut de Latouche (1786-1851), compatriote de George Sand et son parrain dans les lettres, eut un moment de célébrité, comme poète, romancier, dramaturge et journaliste. Il édita les œuvres d'André Chénier en 1819.

tion du Goût, dans son obstination réactionnaire contre les excès du Romantisme. Mais son rôle échoua par la confusion même que ses attaques laissaient dans l'opinion, de la personnalité et de l'œuvre de ses victimes. Vingt ans après, George Sand a longuement parlé de lui : « Il me fut très utile, dit-elle, non seulement parce qu'il me força par ses moqueries franches à étudier un peu ma langue, que j'écrivais avec beaucoup trop de négligence, mais encore parce que sa conversation, peu variée mais très substantielle et d'une clarté remarquable, m'instruisit d'une quantité de choses que j'avais à apprendre pour entrer dans mon petit progrès relatif.

« Après quelques mois de relations très douces et très intéressantes pour moi, j'ai cessé de le voir pour des raisons personnelles, qui ne doivent rien faire préjuger contre son caractère privé, dont je n'ai jamais eu qu'à me louer en ce qui me concerne[1]. »

Elle ajoute que son intimité avait pour elle de graves inconvénients, qu'elle l'entourait d'inimitiés violentes, la faisant passer pour solidaire de ses aversions et condamnations. Déjà

---

1. *Histoire de ma vie*, 5ᵉ partie, ch. vi. Paris, Calmann Lévy.

de Latouche s'était brouillé avec elle à cause de lui.

Cette brouille était traduite par un article fameux, *les Haines littéraires*, qui signala l'entrée de Gustave Planche à la *Revue des Deux Mondes*[1].

On a dit que l'ombre de George Sand, Hélène de la Troie romantique, avait passé entre lui et de Latouche... C'est probable, malgré que celui-ci fût d'âge à se montrer plus respectueux que son rival. Mais rien n'autorise à penser que le conteur de *Fragoletta* ait jamais osé hasarder une déclaration.

Toujours est-il que la fréquentation de Lélia donna longtemps au « critique maudit » de tendres espérances. Elle affichait leur amitié avec ostentation. Elle emmena Planche à Nohant. Les contemporains en jasèrent. Dix ans plus tard, Balzac les représentait sous de transparents pseudonymes, dans son roman de *Béatrix*. On y voit *Claude Vignon* quitter le château de son amie *Félicité Des Touches* avec un profond désenchantement[2]. Planche lui-même avait laissé percer cette amertume dès

---

[1]. 1831.
[2]. Cf. *le Critique maudit : Gustave Planche*, par Adolphe Racot, dans *le Livre* du 10 août 1885.

le lendemain de sa déception. Cette passion fatale avait empoisonné son âme. Il s'abandonnait, dans ses jugements littéraires, à de cruels retours sur la vie. Sa critique devenait plus que jamais acerbe.

Les lettres de George Sand à Sainte-Beuve, les dernières publiées, ne laissent plus de doute sur la mauvaise fortune de Planche. En juillet 1833, dans la crise de solitude qui la prépare à son nouvel amour, elle écrit : « Je sais qu'il vaut moins que vous qui l'excusez et mieux que la plupart de ceux qui le condamnent. On le regarde comme mon amant, on se trompe. Il ne l'est pas, ne l'a pas été et ne le sera pas[1]. » Mieux encore, à peine est-elle éprise de Musset que son ami Planche l'ennuie : « Planche a passé pour être mon amant, peu m'importe. *Il ne l'est pas*. Il m'importe beaucoup maintenant qu'on sache qu'il ne l'est pas, de même qu'il m'est parfaitement indifférent qu'on croie qu'il l'a été... J'ai donc pris le parti très pénible pour moi, mais inévitable, d'éloigner Planche. Nous nous sommes expliqués franchement et affectueusement à cet égard, et nous nous sommes quittés en nous

---

1. *Revue de Paris*, du 15 novembre 1896, p. 284.

donnant la main, en nous aimant du fond du cœur et en nous promettant une éternelle estime[1]. »

Ainsi l'existence de George Sand n'allait pas sans complications, quand elle rencontra Musset.

---

[1]. *Revue de Paris,* 15 novembre 1896, p. 289.

III

Dans la biographie de son frère, Paul de Musset assure qu'il vit pour la première fois George Sand en un banquet offert aux rédacteurs de la *Revue*, chez les *Frères Provençaux*. Cette réunion n'a été précisée nulle part. La première pièce authentique qui témoigne de leurs relations est une poésie qu'Alfred de Musset adressa à George Sand, le 24 juin 1833, après une lecture d'*Indiana*. Elle était accompagnée d'un billet laconique et respectueux[1] :

Madame,

Je prends la liberté de vous envoyer quelques vers que je viens d'écrire en relisant un chapitre d'*Indiana*,

---

1. Toutes les lettres de Musset qui vont suivre sont inédites. On sait que la sœur du poète, Mᵐᵉ Lardin de Musset, s'est refusée jusqu'ici à la publication de sa correspondance avec George Sand. Nous la remercions encore de l'exception

celui ou Noun reçoit Raymond dans la chambre de sa maîtresse. Leur peu de valeur m'avait fait hésiter à les mettre sous vos yeux, s'ils n'étaient pour moi une occasion de vous exprimer le sentiment d'admiration sincère et profonde qui les a inspirés.

Agréez, Madame, l'assurance de mon respect.

ALFRED DE MUSSET.

Sand, quand tu l'écrivais, où donc l'avais-tu vue,
Cette scène terrible où Noun, à demi nue
Sur le lit d'Indiana s'enivre avec Raymond?
Qui donc te la dictait, cette page brûlante
Où l'amour cherche en vain, d'une main palpitante,
Le fantôme adoré de son illusion?
En as-tu dans le cœur la triste expérience?
Ce qu'éprouve Raymond, te le rappelais-tu?
Et tous ces sentiments d'une vague souffrance,
Ces plaisirs sans bonheur, si pleins d'un vide immense,
As-tu rêvé cela, George, ou t'en souviens-tu?
N'est-ce pas le réel dans toute sa tristesse,
Que cette pauvre Noun, les yeux baignés de pleurs,
Versant à son ami le vin de sa maîtresse,
Croyant que le bonheur, c'est une nuit d'ivresse,
Et que la volupté, c'est le parfum des fleurs?
Et cet être divin, cette femme angélique,
Que dans l'air embaumé Raymond voit voltiger,
Cette frêle Indiana, dont la forme magique
Erre sur les miroirs comme un spectre léger,
O George! N'est-ce pas la pâle fiancée

qu'elle a bien voulu faire en notre faveur, en nous laissant cueillir le plus intéressant de ces pages intimes.

On n'a conservé aucune des lettres de G. Sand à Musset antérieures à un billet de Venise (fin mars 1834).

Dont l'Ange du désir est l'immortel amant?
N'est-ce pas l'Idéal, cette amour insensée
Qui sur tous les amours plane éternellement?
Ah! malheur à celui qui lui livre son âme!
Qui couvre de baisers sur le corps d'une femme
Le fantôme d'une autre, et qui sur la beauté
Veut boire l'Idéal dans la réalité!
Malheur à l'imprudent qui, lorsque Noun l'embrasse,
Peut penser autre chose, en entrant dans son lit,
Sinon que Noun est belle et que le temps qui passe
A compté sur ses doigts les heures de la nuit!

Demain viendra le jour; demain, désabusée,
Noun, la fidèle Noun, par sa douleur brisée,
Rejoindra sous les eaux l'ombre d'Ophélia;
Elle abandonnera celui qui la méprise,
Et le cœur orgueilleux qui ne l'a pas comprise
Aimera l'autre en vain, — n'est-ce pas, Lélia?

24 juin 1833.

Les lettres qui suivent sont courtes. Le poète est allé voir l'auteur d'*Indiana*. Ils ont parlé de leurs travaux. Elle écrit *Lélia*, lui un poème qui sera *Rolla*. Il lui en communique des fragments : « Soyez assez bonne, ajoute-t-il, pour faire en sorte que votre petit caprice de curiosité ne soit partagé par personne. »

Dans une de ses visites au quai Malaquais, Musset a été pris de crises d'estomac violentes. George Sand lui a écrit gentiment et il répond de même : « Votre aimable lettre a fait bien plaisir, Madame, à une espèce d'idiot entortillé dans de la flanelle comme une épée de bourgmestre. Que vous ayez le plus tôt possible la fantaisie de perdre une soirée avec lui, c'est ce qu'il demande surtout. » Point d'amour encore ; mais George Sand ne s'est-elle pas prise d'un peu de curiosité à cette ombre de marivaudage ? — A-t-elle fait les avances ? Cette lettre de Musset le donnerait à supposer : elle témoigne du moins d'un degré de plus dans leur intimité.

Je suis obligé, Madame, de vous faire le plus triste aveu : je monte la garde mardi prochain ; tout autre jour de la semaine ou ce soir même, si vous étiez libre, je serais à vos ordres et reconnaissant des moments que vous voulez bien me sacrifier.

Votre maladie n'a rien de plaisant, quoique vous ayez envie d'en rire. Il serait plus facile de vous couper une jambe que de vous guérir.

Malheureusement on n'a pas encore trouvé de cataplasme à poser sur le cœur. Ne regardez pas trop la lune, je vous en prie, et ne mourez pas avant que nous ayons exécuté le beau projet de voyage dont nous avons parlé. Voyez quel égoïste je suis ; vous dites que vous avez manqué d'aller dans l'autre monde ; je ne sais vraiment pas trop ce que je fais dans celui-ci [1].

Tout à vous de cœur.

ALFRED DE MUSSET.

---

[1]. Une note de G. Sand sur la correspondance autographe, attribuee ncore cette réflexion aux crises d'estomac de Musset (?).

Nous sommes en juillet. George Sand a terminé *Lélia*. Une de ses premières visites est pour son nouvel ami. « Un matin de juillet, m'a conté Mme Lardin de Musset, George Sand est venue voir mon frère à la maison. Je crois que nous étions absentes, ma mère et moi. Paul jouait du violon. Elle aperçut sur le pupitre un exemplaire d'*Indiana*. Il était resté ouvert à un passage très raturé de la main d'Alfred. Paul a pensé qu'elle lui avait gardé rancune de ces corrections[1]... »

La supposition de Paul de Musset (*Lui et Elle*) paraît bien gratuite. Jamais Alfred n'a fait allusion à de la jalousie littéraire chez George Sand.

Une sorte de modestie passive, faite d'indifférence autant que de bonté, lui épargna, il faut le reconnaître, les mesquineries coutumières des bas-bleus. Pour une fois je ne me

---

1. L'exemplaire en question d'*Indiana* a été conservé. On y trouve en effet un chapitre où les épithètes sont abondamment sacrifiées. La *Revue des Deux Mondes* du 1er novembre 1878 a cité quelques-unes de ces corrections du poète. — Remarquons que Paul de Musset se trompe évidemment en parlant de deux lectures d'*Indiana* faites par son frère, à trois ans d'intervalle : la première, pour critiquer le livre, en juin ou octobre 1832, la seconde pour écrire les vers qu'on a lus plus haut. L'autographe d'Alfred de Musset est bien daté du 24 juin 1833.

sens pas d'accord avec Paul de Musset. Son livre sue la vérité. Il avait été le confident unique de son frère ; il le resta toute sa vie. Mais il donne trop d'importance à la part de la littérature dans les premières relations du poète avec George Sand.

A ce moment-là, fin de juillet 1833, ils étaient tout à leur intimité naissante. Après Sainte-Beuve, que George Sand avait consulté à mesure qu'elle édifiait son roman, Musset, le premier, put lire *Lélia* terminée. Il en avait sans doute les épreuves. C'était vers le 18 juillet[1]. Il lui écrit qu'il aura lu son livre tout entier le soir même, et, si elle a toujours envie de grimper sur les tours de Notre-Dame, il lui propose de l'y accompagner. Il n'est encore question entre eux que d' « amitié sincère ». Cette promenade assurément n'eut pas lieu. Le lendemain, Musset avait lu *Lélia*, et voici comme il exprimait son admiration à l'auteur, — un auteur qui était une femme dont il se sentait amoureux :

...J'étais, dans ma petite cervelle, très inquiet de savoir ce que c'était. Cela ne pouvait pas être médiocre, mais...
— Enfin, ça pouvait être bien des choses avant d'être ce

---

1. *Lélia*, imprimée dans la deuxième quinzaine de juillet, est inscrite au *Journal de la Librairie* du 10 août 1833 ; la deuxième édition, au numéro du 17 août.

que cela est. — Avec votre caractère, vos idées, votre nature de talent, si vous eussiez échoué là, je vous aurais regardée comme valant le quart de ce que vous valez. Vous savez que malgré tout votre cher mépris pour vos livres, que vous regardez comme des espèces de contre-parties des mémoires de vos boulangers, etc., etc., vous savez, dis-je, que pour moi, un livre c'est un homme ou rien. — Je me soucie autant que de la fumée d'une pipe, de tous les arrangements, combinaisons, drames qu'à tête reposée et en travaillant pour votre plaisir vous pourriez imaginer et combiner. Il y a dans *Lélia* des vingtaines de pages qui vont droit au cœur, franchement, vigoureusement, tout aussi belles que celles de *René* et de *Lara*.

Vous voilà George Sand; autrement vous eussiez été Madame une telle faisant des livres.

Voilà un insolent compliment. Je ne saurais en faire d'autres. Le public les fera. Quant à la joie qu'il m'a procurée, en voici la raison.

Vous me connaissez assez pour être sûre à présent que jamais le mot ridicule : « Voulez-vous ou ne voulez-vous pas? » ne sortira de mes lèvres avec vous. Il y a la mer Baltique entre vous et moi sous ce rapport. Vous ne pouvez donner que l'amour moral, et je ne puis le rendre à personne (en admettant que vous ne commenciez pas tout bonnement par m'envoyer paître, si je m'avisais de vous le demander), mais je puis être, — si vous m'en jugez digne, — non pas même votre ami, — c'est encore trop moral pour moi, — mais une espèce de camarade sans conséquence et sans droits, par conséquent sans jalousie et sans brouilles, — capable de fumer votre tabac, de chiffonner vos peignoirs[1] et

---

1. *Note de G. Sand.* — Il s'était habillé en pierrot et avait mystifié une personne qui n'était pas, comme on l'a raconté et imprimé, M. de La Rochefoucauld.

d'attraper des rhumes de cerveau en philosophant avec vous sous tous les marronniers de l'Europe moderne. Si, à ce titre, quand vous n'avez rien à faire ou envie de faire une bêtise (comme je suis poli !) vous voulez bien de moi pour une heure ou une soirée, au lieu d'aller ce jour-là chez Madame une telle faisant des livres, j'aurai affaire à mon cher Monsieur George Sand qui est désormais pour moi un homme de génie. — Pardonnez-moi de vous le dire en face : je n'ai aucune raison pour mentir.

Déjà Musset est un habitué de la mansarde de Lélia. Il dessine à ravir, sinon toujours correctement du moins avec esprit, et de mordantes légendes accompagnent les charges qu'il fait des amis de George Sand. On s'amuse de ces caricatures, — qu'on se disputera bientôt, que les collectionneurs s'arracheront plus tard[1].

1. On a conservé plusieurs albums de dessins, portraits et caricatures d'Alfred de Musset. Tous sont encore inédits. M. de Lovenjoul a acquis, de la succession de Devéria, la série drolatique des charges de Paul Foucher, le frère de Mme Victor Hugo, dont Musset avait été le camarade au collège Louis-le-Grand (18 caricatures, de 1830 à 1832), et, des héritiers de George Sand, l'album de 1833. J'en ai la photographie sous les yeux. C'est un document précieux pour l'iconographie littéraire. La plupart de ces dessins sont charmants, excellents parfois, de style élégant et pur. (Il est sensible que Musset a été impressionné par Goya, dont il a copié une eau-forte.) Huit portraits de George Sand, assise, étendue, fumant, rêvant, écoutant surtout; les portraits de son amie Rosanne Bourgoin (celui-ci délicieux), de sa fille So-

Il en envoie un échantillon à son amie, une ébauche de « ses beaux yeux noirs qu'il a outragés hier » en les croquant, — non sans ajouter, en anglais, « qu'il est triste aujourd'hui ».

Le lendemain 28 juillet, qui est un dimanche, un camarade l'a éveillé pour lui montrer une violente critique des *Débats* sur le *Spectacle dans un fauteuil* et les *Contes d'Espagne et d'Italie* [1]. Mais le poète ne s'en soucie guère ; il écrit à son amie qu'il « a essuyé son rasoir dessus ». Le voilà sérieusement amoureux ; l'aveu de son tourment ne doit plus tarder. On va lire la lettre charmante et trop sincère pour

---

lange, de Ch. Rollinat, d'Adolphe Guéroult, de Ch. Didier, d'Alexandre Dumas, de Mérimée, de Sainte-Beuve, avec des scènes de charades en costumes et dans la manière du siècle dernier. Nous y reviendrons. Mme Lardin de Musset possède l'album du voyage en Italie, plein de caricatures amusantes du poète et de son amie, et de leurs compagnons d'occasion, avec un autre album plein de souvenirs de la vallée de l'Eure et de portraits de sa famille. Plusieurs sont de vraies œuvres d'art.

Mme Jaubert, la « marraine » de Musset, avait conservé un précieux recueil de dessins de son « filleul ». Toute sa société y figurait. On sait qu'autour de 1840, Mme Jaubert eut le salon le plus remarquable de Paris. Elle en a publié d'intéressants *Souvenirs* (Hetzel, 1880). Cet album a été perdu.

Un dernier album, celui d'un cher ami du poète, Alfred Tattet, appartient à son gendre M. Tilliard.

1. Article signé : J. S., *Journal des Débats* du 28 juillet 1833.

être littéraire (sans doute du 29 juillet), où le poète se déclare timidement, loyalement, d'une passion qui remplira sa vie.

Mon cher George,

J'ai quelque chose de bête et de ridicule à vous dire. Je vous l'écris sottement, au lieu de vous l'avoir dit au retour de cette promenade, j'en serai désolé ce soir. Vous allez me rire au nez, me prendre pour un faiseur de phrases dans tous mes rapports avec vous jusqu'ici. Vous me mettrez à la porte et vous croirez que je mens : je suis amoureux de vous, je le suis depuis le premier jour où j'ai été chez vous. J'ai cru que je m'en guérirais, en vous voyant tout simplement à titre d'ami. Il y a beaucoup de choses dans votre caractère qui pouvaient m'en guérir. J'ai tâché de me le persuader tant que j'ai pu ; mais je paye trop cher les moments que je passe avec vous. J'aime mieux vous le dire, et j'ai bien fait, parce que je souffrirai bien moins pour m'en guérir à présent, si vous me fermez votre porte.

Cette nuit j'avais résolu de vous faire dire que j'étais à la campagne ; mais je ne veux pas vous faire de mystères ni avoir l'air de me brouiller sans sujet.

Maintenant, George, vous allez dire : « Encore un qui va m'ennuyer », comme vous dites. Si je ne suis pas tout à fait le premier venu pour vous, dites-moi, comme vous me l'auriez dit hier en me parlant d'un autre, ce qu'il faut que je fasse ; mais, je vous en prie, si vous voulez me dire que vous doutez de ce que je vous écris, ne me répondez plutôt pas du tout. Je sais comme vous pensez de moi, et je n'espère rien en vous disant cela. Je ne puis qu'y perdre une amie et les seules heures agréables que j'aie passées depuis un mois. Mais je sais que vous êtes bonne, que vous avez aimé, et je me confie à vous, non pas comme à une maîtresse, mais comme à un camarade franc et loyal. George, je suis un fou de me priver du plaisir de vous voir pendant le peu de temps que vous avez encore à passer à Paris, avant votre voyage à la campagne et votre départ pour l'Italie, où nous aurions passé de belles nuits, si j'avais de la force. Mais la vérité est que je souffre et que la force me manque.

Alfred de Musset.

L'aveu du poète n'a pas été repoussé. Est-il heureux? Son amie hésite encore. Avant de s'engager tout à fait, elle semble avoir voulu le confesser. Il est fâcheux qu'on n'ait aucune des réponses de George Sand, à cette date... La lettre suivante de Musset témoigne de son angoisse devant le bonheur entrevu.

...Je voudrais que vous me connaissiez mieux, que vous voyiez qu'il n'y a dans ma conduite envers vous ni rouerie ni orgueil affecté, et que vous ne me fassiez ni plus grand ni plus petit que je suis. Je me suis livré sans réflexion au plaisir de vous voir et de vous aimer. Je vous ai aimée non pas chez vous, près de vous, mais ici, dans cette chambre où me voilà seul à présent. C'est là que je vous ai dit ce que je n'ai dit à personne. — Vous souvenez-vous que vous m'avez dit un jour que quelqu'un vous avait demandé si j'étais *Octave* ou *Cœlio*[1],

[1]. Personnages de la comédie d'Alfred de Musset, *les Caprices de Marianne*, publiée dans la *Revue des Deux Mondes* du 15 mai 1833.

et que vous aviez répondu : « Tous les deux, je crois. »
— Une folie a été de ne vous en montrer qu'un, George !... Plaignez-moi, ne me méprisez pas. Puisque je n'ai pu parler devant vous, je mourrai muet. Si mon nom est écrit dans un coin de votre cœur, quelque faible, quelque décolorée qu'en soit l'empreinte, ne l'effacez pas. Je puis embrasser une fille galeuse et ivre morte, mais je ne puis embrasser ma mère.

Aimez ceux qui savent aimer, je ne sais que souffrir. Il y a des jours où je me tuerais. Mais je pleure ou j'éclate de rire ; non pas aujourd'hui par exemple.

Adieu, George. Je vous aime comme un enfant.

Cette fois, la sincérité du poète a été entendue. Son aveu est bien accueilli. Il est heureux. Le jeudi 1er août, toutes les harpes de la joie chantent dans son cœur :

Te voilà revenu dans mes nuits étoilées,
Bel ange aux yeux d'azur, aux paupières voilées,
Amour, mon bien suprême et que j'avais perdu !
J'ai cru pendant trois ans te vaincre et te maudire,
Et toi, les yeux en pleurs, avec ton doux sourire,
Au chevet de mon lit te voilà revenu.

Eh bien ! deux mots de toi m'ont fait le roi du monde.
Mets la main sur mon cœur, la blessure est profonde ;
Élargis-la, bel ange, et qu'il en soit brisé !
Jamais amant aimé, mourant pour sa maîtresse,
N'a, dans des yeux plus noirs, bu la céleste ivresse,
Nul, sur un plus beau front ne t'a jamais baisé.

George Sand n'ose encore se croire, se proclamer heureuse. Sa lettre du 3 août à Sainte-

Beuve est beaucoup plus calme que les précédentes. Sans lui avouer pourtant son nouveau bonheur, elle lui laisse entendre que le jeune soleil de l'espérance n'est pas loin.

Son confesseur lui a fait part des alternatives de son bonheur à lui, de son mystérieux amour. Ils veulent s'épancher mutuellement en confidences; mais George Sand entend ne causer de jalousie à personne :

> ... Tout ceci peut se faire par lettres; je ne veux pas que, pour m'être utile et agréable, vous compromettiez ce qu'il y a de plus beau et de plus sacré dans votre existence. Qui, moi! prendre un égoïste plaisir qui peut briser un cœur dévoué! Non, non, je respecte trop l'amour, *l'Amour* comme vous écrivez. Quoique j'en médise souvent, comme je fais de mes plus saintes convictions aux heures où le démon m'assiège, je sais bien qu'il n'y a que cela au monde de beau et de sacré... Si j'avais une grande peine, un subit besoin d'appui et de conseils, je vous appellerais[1].

Lélia vient de paraître. Naturellement, le premier exemplaire en est offert à Musset. Il porte cette double dédicace : sur le tome Ier : *A Monsieur mon gamin d'Alfred*, George ; sur le tome II : *A Monsieur le vicomte Alfred de Musset, hommage respectueux de son dévoué serviteur*, George Sand[2].

---

1. *Revue de Paris* du 15 nov. 1896, p. 287.
2. Ce précieux exemplaire est en la possession de la gouvernante

Ils sont heureux. Aucun nuage ne trouble encore cet azur. Alfred de Musset s'est installé chez George Sand.

Parmi les habitués de sa mansarde, il a trouvé Boucoiran et Gustave Planche. Les allures un peu bien familières de ces deux personnages n'avaient pas tardé à déplaire à

de Musset, Mlle Adèle Colin, aujourd'hui Mme veuve Martelet.

Après la chronologie établie plus haut, des relations du poète avec George Sand, faut-il dire ici que c'est bien à tort qu'on a prétendu que le personnage de Sténio dans *Lélia*, représentait Musset. M. Cabanès (*Revue hebdomadaire* du 1er août 1896), s'appuyant sur le ton différent des deux « envois » pour supposer un incident survenu dans l'intervalle, invoque l'opinion de Mme Martelet qui aurait eu jadis entre les mains une lettre où Musset se plaignait amèrement à George Sand d'être portraituré dans *Lélia*. Cette lettre ne saurait avoir le sens qu'on lui prête. George Sand connaissait l'œuvre du poète : elle lui emprunta une épigraphe, une strophe de *Namouna* (décembre 1832), placée en tête du deuxième volume. Mais si elle rendit quelques traits de son caractère, ce fut pure divination. Dans une de ses dernières lettres, en 1835, Musset lui écrira : « Ta *Lélia* n'est point un rêve ; tu ne t'es trompée qu'à la fin ; il ne dort pas sous les roseaux du lac, ton Sténio ; il est à tes côtés, il assiste à toutes tes douleurs... Ah ! oui, c'est moi ! moi ! tu m'as pressenti... »

Ajoutons que cette similitude a fait attribuer plus d'une fois au poète *l'Inno ebrioso*, le chant d'orgie de Sténio, dans *Lélia*. Ainsi M. Derome critiquant (*le Livre* du 10 mai 1883) l'excellente *Bibliographie des œuvres d'Alfred de Musset* de M. Maurice Clouard, ne met pas en doute la paternité de ces vers. — Je ne saurais en désigner l'auteur. Mais si ces neuf strophes tumultueuses ne sont pas de George Sand elle-même, on ne peut du moins que les juger indignes du grand poète qui écrivait, dans le même temps, *Rolla*.

son dandysme. Paul de Musset, dans une scène de *Lui et Elle*, nous les a représentés, sous les masques transparents de *Caliban* et *Diogène*, tenus à distance, sinon tout à fait éloignés, par le nouveau maître de céans.

Caliban et Diogène, dès leur entrée, se donnèrent le plaisir de montrer jusqu'où allaient leurs immunités et privilèges. Le premier eut soin de tutoyer son amie et s'assit, comme elle, à la turque ; le second se coucha de son long sur le canapé. Olympe, sentant que la mauvaise tenue de ses commensaux lui pouvait nuire, s'était aussitôt relevée de son coussin et assise dans un fauteuil.

Falconey[1] ne fit point semblant de remarquer les postures malséantes des deux rustres, et déploya ses manières de gentilhomme en affectant une courtoisie respectueuse, dont Olympe le remercia du regard. Diogène s'en aperçut, et pour se venger, il lança quelques plaisanteries blessantes contre les gens du faubourg Saint-Germain, sur leurs airs d'autrefois, leurs idées surannées et leur politique rétrospective. Édouard, nourri dans ce monde-là, l'aimait et le respectait. Il ne se

---

1. *Edouard de Falconey*, compositeur de musique : Alfred de Musset. Voici les autres pseudonymes de *Lui et Elle* : *Olympe de B...*, compositeur de musique : George Sand ; *Jean Cazeau* : Jules Sandeau ; *Pierre* : Paul de Musset ; *Hercule*, troisième familier d'Olympe : Laurens ; *l'éditeur* : Buloz ; *le docteur Palmeriello* : le docteur Pagello ; *Hans Flocken* : Franz Liszt ; *Edmond Verdier* : Alfred Tattet. — C'est à tort que plusieurs (notamment Ad. Racot, article cité, *le Livre*, n° du 10 août 1885) ont désigné, sous le personnage de *Caliban*, Henri de Latouche : celui-ci n'était déjà plus des familiers de G. Sand quand intervint Musset.

croyait point obligé de renier ses amis pour avoir acquis des talents et de la réputation.

— Ce monde que vous attaquez, dit-il à Diogène, forme une classe considérable de la société de Paris, et ce n'est pas la moins aimable. Je tiens à honneur d'y être admis et je vous demande grâce pour elle. Si vous ne la trouvez pas conséquente avec le siècle où elle vit, elle l'est avec ses principes et ses traditions.

Elle en a conservé ce qu'on remarque en elle de beau, de brave et d'honorable. Quand on la regarde de près, on peut s'étonner de voir tout ce qu'un bon naturel, une probité sévère, un honneur sans tache peuvent encore faire d'un galant homme dans le siècle où nous vivons. Je rencontre souvent dans cette compagnie des gens que j'ai reconnus pour avoir un cœur ferme, une âme noble et généreuse, et je ne saurais dire ce qui leur manque lorsqu'ils ont, en outre, l'esprit cultivé, beaucoup de politesse...

— Et une tenue décente, ajouta Olympe.

— Est-ce pour moi que vous dites cela? demanda Diogène.

— Pour vous-même, et à vous-même.

— Fort bien; je comprends : vous ne me trouvez pas assez bien élevé pour votre salon. Vous voulez faire maison neuve et balayer les anciens amis. Contentez votre envie. Si vous désirez me revoir, vous savez où je demeure : écrivez-moi.

— Je n'en suis pas en peine, répondit Olympe : vous reviendrez bien sans qu'on vous rappelle[1].

Gustave Planche était une vieille connaissance de Musset. En dehors de toutes questions

---

1. Paul de Musset, *Lui et Elle*, ch. V, p. 51. Petit in-12, Paris, Lemerre.

littéraires, leur antipathie réciproque datait des suites d'un bal de 1829 ou 1830 chez Achille Devéria. Ce bal était resté fameux. Musset y portait un ravissant costume de page Charles VI, sous lequel l'avait portraituré le peintre lui-même. Son ami Paul Foucher était en archer de la même époque, — accoutrement sous lequel Alfred l'avait croqué dans maintes caricatures[1]. On vantait déjà les succès d'élégance et de charme du poète de *Don Paez* et de *Mardoche*. Gustave Planche n'était point sans envie, sous l'apparente équité de son âme. Sa naissance modeste ne lui donnait pas droit encore aux mêmes fréquentations que la plupart

---

[1]. Une autre fois, chez Mme Panckoucke, Paul Foucher, toujours dans son costume d'archer, ayant beaucoup valsé avec Mme Mélanie Waldor, un bas-bleu assez ridicule, le poète s'était permis de célébrer cette danse inoubliable dans une petite pièce dont l'impertinence fit scandale : *A une Muse* ou *Une Valseuse dans le cénacle romantique*, six strophes signées « Vidocq ». Le comédien Régnier en avait reçu l'autographe de Musset lui-même. Voir la *Gazette anecdotique* des 15 septembre et 15 octobre 1881. Les premiers vers en donneront une idée :

> Quand Mme W... à P... F... s'accroche,
>   Montrant le tartre de ses dents,
> Et dans la valse on fou comme l'huître à la roche
>   S'incruste à ses muscles ardents...

— Mélanie Waldor (1796-1871) poète médiocre, alors maitresse d'Alexandre Dumas, serait l'inspiratrice d'*Antony*. (Cf. Ch. GLINEL, *le Livre* du 10 oct. 1886.)

des Romantiques, dans un monde dont plus tard son talent lui eût permis l'accès. Il était de cette éternelle caste des plébéiens parvenus dans les lettres : leurs débuts pénibles étalent un orgueil dévoré de rancunes.

Au bal d'Achille Devéria avaient paru deux jeunes filles, Mlles Champollion et Hermine Dubois, délicieuses toutes deux et qu'Alfred de Musset semblait préférer l'une et l'autre. Il les revit plusieurs hivers dans le même salon. Planche, qui y était admis maintenant, y rencontrait Alfred de Musset. Mais il ne dansait pas. « Il s'avisa de dire un soir que, du coin où il se tenait assis, il avait vu le valseur infatigable déposer un baiser furtif sur l'épaule d'une de ses valseuses. On en chuchota aussitôt. La jeune fille reçut l'ordre de refuser les invitations de son danseur habituel. Aux regards mélancoliques de la victime, Alfred comprit qu'elle obéissait à l'autorité supérieure, et, comme il n'avait rien à se reprocher, il demanda des explications avec tant d'insistance qu'on ne put les lui refuser. On remonta jusqu'à la source du méchant propos. Planche essaya de nier ; mais, au pied du mur, il fut obligé d'avouer qu'il l'avait tenu. L'indignation du père se tourna contre lui. A la sortie du bal, ce père irrité guetta le calomniateur et lui donna de sa canne sur le dos[1]. »

L'aventure fit quelque bruit dans le Cénacle. La mésaventure de Planche excita les quolibets. Mᵐᵉ Lardin de Musset, m'évoquant les souvenirs de son enfance, — elle était de beaucoup plus jeune que ses frères, — me rapporte une plaisanterie qui fit le tour de Paris : « Quand le feu de Planche s'éteint, disait-on, il ne demande plus : « Donnez-moi du bois », mais : « Donnez-moi des bûches. » Ajoutons que c'est à Mˡˡᵉ Hermine Dubois qu'Alfred de Musset adressa ses parfaites strophes : *A Pépa,* un des plus purs joyaux de son œuvre.

L'inimitié de Planche pour Musset devait s'accroître avec la renommée du poète. Il jugea ses livres selon la bienveillance qu'on peut penser. L'amitié de George Sand pour ce nouveau venu de la gloire porta le dernier coup à son âme jalouse. Un refroidissement entre elle et Planche est sensible dès le milieu de juillet 1833. L'exécution du pauvre *Diogène,* que Paul de Musset nous a contée, avait immédiatement précédé l'installation du poète au quai Malaquais. Sans se brouiller pour

---

1. PAUL DE MUSSET, *Biographie d'Alfred de Musset,* p. 85. Petit in-12, Paris, Lemerre.

cela avec Planche, George Sand le maintint dans des rapports plus réservés. Il ne devait lire *Lélia* qu'un mois après Musset, huit jours après l'apparition du volume, ainsi qu'en témoigne l'envoi autographe de l'auteur : « *A Gustave Planche, son véritable ami*, George Sand, 15 août 1833[1]. » Mais cette sympathie ne lui suffisait pas. Un dépit violent couvait dans son âme. Il espéra forcer les sentiments de son amie par une action d'éclat.

Les attaques commençaient à pleuvoir sur *Lélia*. L'*Europe littéraire* se signala particulièrement dans ce sens. Cette publication toute récente publia coup sur coup deux articles signés Capo de Feuillide, où George Sand était violemment prise à partie[2]. « Je suis très insultée, comme vous savez, mon ami, écrivait-elle à Sainte-Beuve, et j'y suis fort indifférente, mais je ne suis pas indifférente à l'empressement et au zèle avec lesquels mes amis prennent ma défense. On m'a dit de votre part que vous

---

1. C'est le catalogue de l'importante bibliothèque romantique de M. Noilly, vendue en 1881, qui me fournit ce document.

2. L'*Europe littéraire*, numéros du 9 août (la Vie littéraire : autrefois et aujourd'hui) et du 22 août (Étude critique sur *Lélia*). Capo de Feuillide (1800-1863) était entré à l'*Europe littéraire* au moment de sa fondation par Victor Bohain, en 1833.

vouliez répondre à l'*Europe littéraire* dans la *Revue des Deux Mondes* et dans le *National*. Faites-le donc, puisque votre cœur vous le conseille [1]. » La même lettre est toute consacrée à ses rapports nouveaux avec Alfred de Musset et à son attitude vis-à-vis de Planche. Elle a pris le parti de l'éloigner non sans lui promettre une éternelle estime. Mais Planche ne s'est point résigné ; il ne désespère pas de reconquérir un cœur dont le désir l'obsède, — fort de l'amitié qu'on lui garde et qu'on lui a loyalement reconnue, en le congédiant à demi. Il a réfuté le premier article par une réponse « à la critique entêtée », dans la *Revue des Deux Mondes* du 15 août ; il réplique à la seconde attaque en envoyant, le 26 août, ses témoins à Capo de Feuillide. On n'en reçut pas la nouvelle au quai Malaquais sans un certain agacement. Le petit clan de la *Revue des Deux Mondes* en fut tout remué. Planche prit pour témoins Buloz et M. E. Regnault ; Capo de Feuillide, MM. Lefèvre et Latour-Mézeray. On se battit au pistolet ; mais la rencontre n'eut d'autre résultat que de déplaire singulièrement à

---

[1]. Lettre du 25 août 1833. *Revue de Paris*, numéro du 15 novembre 1896, p. 288. — L'article de Sainte-Beuve ne parut au *National* que le 29 septembre 1833.

George Sand. Les journaux littéraires s'emparèrent de l'incident pour s'étonner des droits que croyait avoir Gustave Planche à la défense de l'auteur attaqué[1]. Une *Complainte* badine, assez spirituelle, en vingt-quatre strophes de six vers, relatant les épisodes de ce duel, et qui circula parmi les lettrés, lui restitue sa portée médiocre[2]. Un beau sonnet d'Alfred de Musset à son amie, daté de ce mois d'août 1833, nous renseigne sur la noble indifférence où insultes, commen-

---

[1]. Dans une revue littéraire, *le Petit Poucet*, du 1ᵉʳ septembre 1833, se trouve une amusante *impression* de l'événement, dont nous détachons ces lignes : « Le combat avait lieu... à cause de *Lélia*, — roman de Mᵐᵉ Sand selon les uns, de M. Sand selon les autres, — dont M. Feuillide avait fait la critique dans son journal. Or, si *Lélia* est de M. Sand, je ne sais trop à quel titre M. Planche s'est constitué le *bravo*, le *majo* de cet écrivain. A moins que M. Sand ne soit impotent ou cul-de-jatte, la conduite de M. Planche est incompréhensible. Si M. Sand est une femme, ce dont il est permis de douter en lisant *Lélia*, ce rêve de dévergondage et de cynisme, cette femme doit savoir peu de gré à M. Planche de l'avoir compromise par une démarche beaucoup moins chevaleresque qu'inconséquente et irréfléchie. »

[2]. *Complainte historique et véritable sur le fameux duel qui a eu lieu entre plusieurs hommes de plume, très inconnus dans Paris, à l'occasion d'un livre dont il a été beaucoup parlé de différentes manières*, etc. Publiée dans *Cosmopolis* du 1ᵉʳ mai 1896, par M. le Vᵗᵉ de Spoëlberch de Lovenjoul, qui l'accompagne de cette note : « Après l'avoir d'abord attribuée à la collaboration d'Alfred de Vigny et de Brizeux, le véritable auteur s'étant bientôt fait connaître, G. Sand l'avait précieusement gardée et authentiquée de sa main. »

taires et polémique laissaient l'auteur de *Lélia*, alors dans la sérénité de son amour :

Telle de l'*Angelus*, la cloche matinale
Fait dans les carrefours hurler les chiens errants,
Tel ton luth chaste et pur, trempé dans l'eau lustrale,
O George, a fait pousser de hideux aboiements.

Mais quand les vents sifflaient sur ta muse au front pâle,
Tu n'as pas renoué ses longs cheveux flottants ;
Tu savais que Phœbé, l'étoile virginale
Qui soulève les mers, fait baver les serpents.

Tu n'as pas répondu, même par un sourire,
A ceux qui s'épuisaient en tourments inconnus
Pour mettre un peu de fange autour de tes pieds nus.

Comme Desdemona, t'inclinant sur ta lyre,
Quand l'orage a passé tu n'as pas écouté
Et tes grands yeux rêveurs ne s'en sont pas douté[1] !

Bien assurée maintenant de son amour et de son bonheur, George Sand n'hésitait plus à s'en ouvrir à Sainte-Beuve. Elle lui écrivait le 25 août :

... Je me suis énamourée, et cette fois très sérieusement, d'Alfred de Musset. Ceci n'est plus un caprice; c'est un attachement senti... Il ne m'appartient pas de promettre à cette affection une durée qui vous la fasse

---

1. *A George Sand*, sonnet trouvé dans les cartons de Sainte-Beuve, publié pour la première fois par la *Revue moderne* de juin 1865.

paraître aussi sacrée que les affections dont vous êtes susceptible. J'ai aimé une fois pendant six ans[1], une autre fois pendant trois[2], et maintenant je ne sais pas ce dont je suis capable. Beaucoup de fantaisies ont traversé mon cerveau, mais mon cœur n'a pas été aussi usé que je m'en effrayais : je le dis maintenant parce que je le sens.

Je l'ai senti quand j'ai aimé P (rosper) M (érimée). Il m'a repoussée, j'ai dû me guérir vite. Mais ici, bien loin d'être affligée et méconnue, je trouve une candeur, une loyauté, une tendresse qui m'enivrent. C'est un amour de jeune homme et une amitié de camarade. C'est quelque chose dont je n'avais pas l'idée, que je ne croyais rencontrer nulle part et surtout là. Je l'ai niée, cette affection, je l'ai repoussée, je l'ai refusée d'abord, et puis je me suis rendue, et je suis heureuse de l'avoir fait. Je m'y suis rendue par amitié plus que par amour, et l'amour que je ne connaissais pas s'est révélé à moi sans aucune des douleurs que je croyais accepter.

Je suis heureuse, remerciez Dieu pour moi. Il y a bien en moi des heures de tristesse et de vague souffrance : cela est en moi et vient de moi... Je suis dans les conditions les plus vraies de régénération et de consolation. Ne m'en dissuadez pas[3].

« Ce furent d'heureux jours, ce n'est pas de ceux-là qu'il faut parler, » a écrit Musset, évoquant, dans la *Confession d'un Enfant du Siècle*,

---

1. Aurélien de Sèze, de 1825 à 1830 : affection toute platonique, comme en témoigne, paraît-il, un journal intime de G. Sand que possède M. de Lovenjoul.
2. Jules Sandeau, de 1830 à mars 1833.
3. *Revue de Paris* du 15 novembre 1896, p. 288.

cette période fortunée de son amour[1]. La vie chez George Sand était joyeuse. A côté de ses dessins humoristiques, le poète nous a laissé un croquis plaisant et facile de cet intérieur d'étudiants.

> George est dans sa chambrette
> Entre deux pots de fleurs,
> Fumant sa cigarette,
> Les yeux baignés de pleurs.
>
> Buloz assis par terre,
> Lui fait de doux serments ;
> Solange par derrière
> Gribouille ses romans[2].
>
> Planté comme une borne,
> Boucoiran tout mouillé
> Contemple d'un œil morne
> Musset tout débraillé.
>
> Dans le plus grand silence,
> Paul[3], se versant du thé,
> Écoute l'éloquence
> De Ménard tout crotté.
>
> Planche saoûl de la veille
> Est assis dans un coin
> Et se cure l'oreille
> Avec le plus grand soin[4].

1. *Confession*, 3ᵉ et 4ᵉ parties.
2. La fille de G. Sand, qui habitait maintenant avec sa mère.
3. Paul de Musset.
4. Cette pièce a été publiée jusqu'ici par M. Clouard (*Revue*

La mère Lacouture [1]
Accroupie au foyer
Renverse la friture
Et casse un saladier;

De colère pieuse
Guéroult [2] tout palpitant,
Se plaint d'une dent creuse
Et des vices du temps.

Pâle et mélancolique,
D'un air mystérieux,
Papet [3], pris de colique,
Demande où sont les lieux...

Paul de Musset nous a décrit quelques divertissements de la société de ce couple génial, vraiment heureux et jeune, qui, au lendemain de la publication de *Lélia* et de *Rolla* [4], donnait dans son intimité des soirées de déguisement, pour l'enfantin plaisir de jouer des rôles. Tel ce dîner mémorable où Deburau, le célèbre Pierrot des Funambules, déguisé en diplomate

---

de Paris du 15 août 1896). Les trois strophes qui suivent sont inédites.

1. La cuisinière de George Sand.
2. Adolphe Guéroult (1810-1872), publiciste, économiste et politicien. Il venait de passer, comme G. Sand, par l'école saint-simonienne.
3. Gustave Papet, compatriote et fidèle ami de G. Sand.
4. *Rolla* parut dans la *Revue des Deux Mondes* du 15 août 1833.

anglais, mystifia parfaitement le philosophe Lerminier, sur la tête duquel Alfred de Musset, travesti en servante cauchoise, versa, comme par maladresse, une carafe d'eau[1]...

C'est sans doute à cet heureux mois de septembre qu'il faut rapporter ce sonnet du poète à sa bien-aimée :

Puisque votre moulin tourne avec tous les vents,
Allez, braves humains, où le vent vous entraîne ;
Jouez, en bons bouffons, la comédie humaine,
Je vous ai trop connus pour être de vos gens.

Ne croyez pourtant pas qu'en quittant votre scène
Je garde contre vous ni colère ni haine,
Vous qui m'avez fait vieux peut-être avant le temps.
Peu d'entre vous sont bons, moins encor sont méchants.

Et nous, vivons à l'ombre, ô ma belle maîtresse,
Faisons-nous des amours qui n'ont pas de vieillesse,
Que l'on dise de nous, quand nous mourrons tous deux :

« Ils n'ont jamais connu la crainte ni l'envie ;
« Voilà le sentier vert, où, durant cette vie,
« En se parlant tout bas, ils souriaient entre eux[2]. »

George fut quelques jours souffrante ; Alfred la soigna tendrement. Ce qui avait été le plus

---

1. *Biographie*, pp. 115-120.
2. Ce sonnet, comme les deux pièces d'A. de Musset, citées aux pp. 44 et 45 ont paru dans divers journaux ou revues, mais ne figurent pas dans les œuvres du poète.

malade en elle, son cœur, « n'était plus en danger de désespoir et de mort ». Elle l'écrivait, le 21 septembre, à son confesseur ordinaire :

> ...Je suis heureuse, très heureuse, mon ami. Chaque jour je m'attache davantage à *lui ;* chaque jour je vois s'effacer enfin les petites choses qui me faisaient souffrir ; chaque jour je vois mieux briller les belles choses que j'admirais. Et puis encore, par-dessus tout ce qu'il est, il est *bon enfant,* et son intimité m'est aussi douce que sa préférence m'a été précieuse... Après tout, voyez-vous, il n'y a que cela de bon sur la terre[1]...

Voilà ce qu'écrivait Lélia dans la sincérité de son nouvel amour. Que devait penser Sainte-Beuve, trente ans plus tard, en recevant de la même femme la lettre pourtant réfléchie où, dans son perpétuel besoin de justification, elle n'hésitait pas à lui dire : « ... *Il* était déjà mort quand *elle* l'avait connu ! Il avait retrouvé avec elle un souffle, une convulsion dernière[2] !... »

Que devait-il penser, sinon que la femme est impitoyable du moment qu'elle n'aime plus...

La liaison d'Alfred de Musset était mainte-

---

1. *Portraits contemporains,* p. 516.
2. Publiée par M. de Lovenjoul, *Cosmopolis,* numéro de juin 1896.

nant connue de tous. Installé à peu près complètement chez George Sand depuis les premiers jours d'août, il y devait rester jusqu'en décembre. Sa mère s'était aperçue de ce changement dans sa vie : il ne faisait plus chez elle que de rares apparitions[1]. Mais elle l'acceptait, en mère indulgente et faible, qui se savait adorée de son fils. Alfred avait vingt-deux ans ; son père était mort depuis dix-huit mois ; sa jeune renommée autorisait cette indépendance.

Vers la fin de septembre, nos amoureux sentirent le besoin d'aller cacher leur bonheur dans la forêt de Fontainebleau. Ils s'installèrent à Franchard où il passèrent une quinzaine. « Laurent fut admirable, d'enthousiasme de reconnaissance et de foi, dans les premiers jours de cette union, a écrit l'auteur d'*Elle et Lui*. Il s'était élevé au-dessus de lui-même, il avait des élans religieux, il bénissait sa chère maîtresse de lui avoir fait connaître enfin l'amour vrai, chaste et noble qu'il avait tant rêvé... » Paul de Musset insiste également

---

[1]. Mme de Musset occupait avec ses enfants — Paul, l'aîné, Alfred et leur sœur Hermine, — 59, rue de Grenelle, une habitation entre cour et jardin qui a pour façade, sur la rue, la célèbre fontaine de Bouchardon.

dans *Lui et Elle* sur la prospérité de cette lune de miel. George Sand était alors, pour son amant, adorable de charme jeune et de tendresse. Le souvenir de ces journées heureuses hanta souvent, plus tard, les heures tristes de Musset : qu'était devenue « la femme de Franchard ?... »

Celle-ci, retraçant cette existence radieuse dans la forêt, assombrit tout à coup le tableau par l'exposé de querelles légères qui devaient, dit-elle, empoisonner leur naissant amour. D'une espèce d'hallucination qu'eut Musset, dans le ravin du cimetière, où il vit *son double*, mais vieilli et repoussant comme un spectre de malheur, elle conclut à un déséquilibre profond du poète, le rendant incapable « de goûter la vie douce et réglée qu'elle voulait lui donner ». Musset racontait lui-même cette vision singulière[1] ; mais rien n'autorise à croire que leurs joies furent dès lors traversées de soucis et de craintes. Les caricatures du poète, datées de ces heureux jours d'automne, étaient toutes plaisantes. L'une d'elles représente George Sand à cheval, vue de dos, et à droite la croupe du cheval de son

---

1. Peut-être y fait-il allusion dans la *Nuit de Décembre*.

ami de qui le chapeau s'envole, — avec cette légende : « Admirable sang-froid du cheval nommé *Gerdès*, à la vue d'un danger imprévu. — Scène des montagnes où l'on voit la qualité de mon chapeau et le derrière de mon oisillon. »

Rentrés à Paris, ils passèrent deux mois parfaitement paisibles. Ces deux mois n'ont donc pas d'histoire. Paul de Musset parle d'un dîner littéraire qu'ils donnèrent à leurs amis, duquel étaient exclus Planche, Boucoiran et Laurens (« Don Stentor » ou « Hercule », dans *Lui et Elle*[1] »), ce qui causa grande rumeur parmi les habitués. Ils avaient renouvelé le personnel du salon violet. Ils travaillaient aussi peu l'un que l'autre. Dans les soirées intimes du quai Malaquais, on trouvait Alfred dessinant, George fumant force cigarettes, silencieuse, écoutant toujours.

Les dessins de Musset, nous l'avons dit, outre qu'ils ont une réelle valeur d'art, constituent un document iconographique et littéraire

---

[1]. Un grand ami de G. Sand à ses débuts. Le peintre Bonaventure Laurens, de Carpentras (1801-1890), je suppose, qui rapporta de Majorque (1840) où elle séjournait alors avec Chopin, des *Souvenirs d'un voyage d'art*. On n'a rien écrit des relations de George Sand avec Laurens, tôt disparu de son orbite, que Paul de Musset représente pourtant comme le dévoué camarade, « le terre-neuve » de l'étudiante (*Lui et Elle*, p. 19).

précieux. Ils n'ont pas été publiés. M. Adolphe Brisson, qui a eu la bonne fortune de voir récemment à Bruxelles, chez M. le vicomte de Lovenjoul, les albums de la société du quai Malaquais (1833-1834), contenant portraits et charges des habitués de la « mansarde » de George Sand, en a donné une intéressante description, dans un récit de sa visite à l'érudit bibliophile belge. Passons-lui un moment la parole[1] :

« Les révélations qui viennent de se produire, la publication des lettres de G. Sand prêtent un grand intérêt à ces pages crayonnées ; on pénètre, en les parcourant, dans l'existence même des deux amants ; il semble qu'on les aperçoive et qu'on les entende : Musset, gamin, rieur, nerveux à l'excès ; George Sand, protectrice et maternelle. Sur le premier feuillet, Musset a griffonné des lignes qui s'entre-croisent dans un désordre pittoresque et que je transcris exactement :

Le public est prié de ne pas se méprendre
CECI EST L'ALBUM DE GEORGE SAND
le réceptacle informe de ses aberrations mentales
et autres.
Je soussigné, Mussaillon Ier,
déclare que mon album n'est pas si cochoné (sic) *que ça.*
Celui qui a inscrit mon nom
sur ce stupide album n'est qu'un vil facétieux. Il est
vexant d'être accusé des turpitudes de G. Sand.

MUSSAILLON Ier.

---

1. *Promenades et visites* : *le vicomte de Spoëlberch de Lovenjoul*, dans le *Temps* du 4 novembre 1896. — Faisons re-

« Suivent des silhouettes, des caricatures, toutes de la main du poète et représentant pour la plupart son amie, couchée, debout, fumant la pipe, accoudée sur un balcon, vêtue tantôt à la française et tantôt à l'orientale. Le profil est nettement dessiné et très pur et, sans doute, très ressemblant, le nez légèrement busqué, la bouche sensuelle, l'œil impérieux [1]. Musset se divertit aussi à croquer les amis absents : la moue dédaigneuse de Mérimée, avec cette légende : *Carvajal renfonçant une expansion;* la face chagrine et chafouine de Sainte-Beuve, et au-dessous : *Le bedeau du temple de Gnide canonisant une demoiselle infortunée.* Il se met lui-même en scène, les cheveux au vent, la redingote pincée à la taille, les chevilles serrées dans un pantalon à la hussarde, et il inscrit dans un coin : *Don Juan allant emprunter dix sous pour payer son idéale* (sic) *et enfoncer Byron.* Voici plus loin une sorte de rébus : un œil, une bouche, une mèche de cheveux, une verrue surmontée d'un poil follet, un bonnet grec. Ce sont les traits distinctifs de M. Buloz, ainsi qu'il appert de l'explication fournie par Musset : *Fragments de la Revue trouvés dans une caisse vide.* Enfin, voici des types de fantaisie, qui rappellent par leurs dénominations grotesques le tabellion du *Chandelier* et le futur baron d'*On ne badine pas avec l'amour*... [2]. Je copie : « Le chevalier *Colombat du*

marquer à M. Brisson que l'album décrit n'est pas « l'album de Venise », lequel appartient à M°¹ᵉ Lardin de Musset.

1. Ces portraits de George Sand sont de 1833. Ajoutons à l'énumération des suivants que va donner M. Brisson, — caricatures pour la plupart datées de 1834, — ceux d'Alexandre Dumas, « Antony-Louverture charpentant un viol »; de Charles Didier, « Vadius enfonçant Lucrèce » et, trois charges de Paul Foucher.

2. Ces derniers dessins, — à la plume, très soignés, serrés comme des illustrations du xvɪɪɪᵉ siècle — sont encore de l'automne 1833.

Roseau Vert et l'abbé *Potiron de Vent du soir* devisent en humant une prise de tabac ; le baron *Prétextat de Clair de lune* rêve en songeant à sa belle ; le marquis *Gérondif de Pimprenelle* erre dans ses jardins. Ces croquis témoignent d'une verve charmante et d'une imagination quasi puérile... Musset devait être extrêmement gai, quand il n'était pas tourmenté par la débauche ou la maladie. Il était infiniment plus jeune de caractère que sa compagne ; elle le traitait en enfant gâté et le dominait par son lyrisme sentimental qu'il avait peut-être le tort de prendre trop au sérieux... ».

Mais bientôt cette vie leur sembla monotone ; le monde jasait trop ouvertement de leur intimité, et ils parlèrent d'aller voir l'Italie. Ce projet caressé à deux ne tarda pas à devenir une idée fixe.

Alfred de Musset sentait bien que son départ pour l'Italie n'était qu'à moitié résolu tant qu'il n'avait pas obtenu le consentement de sa mère. Un matin, — nous venions de déjeuner en famille, — il paraissait préoccupé. Connaissant ses intentions, je n'étais guère moins agité que lui. En sortant de table, je le vis se promener de long en large, d'un air d'hésitation. Enfin il prit son grand courage, et, avec bien des précautions, il nous fit part officiellement de ses projets, en ajoutant qu'ils restaient subordonnés à l'approbation de sa mère. Sa demande fut accueillie comme la nouvelle d'un véritable malheur. « Jamais, lui répondit sa mère, je ne donnerai mon consentement à un voyage que je regarde comme une chose dangereuse et fatale. Je sais que mon opposition sera inutile et que tu partiras, mais ce sera contre mon gré et sans ma permission. »

Un moment, il eut l'espoir de vaincre cette résistance en expliquant dans quelles conditions ce voyage devait se faire ; mais lorsqu'il vit que son insistance ne servait qu'à provoquer l'éruption des larmes, il changea tout à coup de résolution, et fit à l'instant le sacrifice de ses projets. — « Rassure-toi, dit-il à sa mère, je ne partirai point ; s'il faut absolument que quelqu'un pleure, ce ne sera pas toi. »

Il sortit, en effet, pour donner contre-ordre aux préparatifs de départ. Ce soir-là, vers neuf heures, notre mère était seule avec sa fille au coin du feu, lorsqu'on vint lui dire qu'une dame l'attendait à la porte dans une voiture de place, et demandait instamment à lui parler. Elle descendit accompagnée d'un domestique. La dame inconnue se nomma ; elle supplia cette mère désolée de lui confier son fils, disant qu'elle aurait pour lui une affection et des soins maternels. Les promesses ne suffisant pas, elle alla jusqu'aux serments. Elle y employa toute son éloquence, et il fallait qu'elle en eût beaucoup, puisqu'elle vint à bout d'une telle entreprise. Dans un moment d'émotion, le consentement fut arraché, et, quoi qu'en eût dit Alfred, ce fut sa mère qui pleura.

Par une soirée brumeuse et triste, je conduisis les voyageurs jusqu'à la malle-poste, où ils montèrent au milieu de circonstances de mauvais augure [1].

Ces circonstances de mauvais *augure*, Paul de Musset les raconte dans *Lui et Elle* : ce n'était rien moins que le fait du treizième rang occupé dans la cour des Messageries par la voiture de Lyon qui emmenait George et Alfred,

---

1. Paul de Musset, *Biographie*, p. 121.

le heurt violent d'une borne par une des roues, en passant sous la porte cochère, et le renversement d'un porteur d'eau en traversant le faubourg Saint-Germain... Mais le poète n'était pas superstitieux, et l'*oisillon* riait de tout son cœur.

IV

Ils s'arrêtèrent deux jours à Lyon et descendirent à Avignon par le Rhône. Sur le bateau, ils rencontrèrent Stendhal qui rejoignait son consulat de Civita-Vecchia. Ce compagnon inattendu les divertit quelques jours par son esprit mordant et ses blagues de célibataire sans préjugés. George Sand, dans l'*Histoire de ma vie*, insiste sur l'impression à la fois agréable et pénible qu'il lui laissa. Causeur pénétrant et sans charme, observateur profond, il se moqua surtout de ses illusions sur l'Italie. Leur descente du Rhône eut d'amusantes péripéties. « Nous soupâmes avec quelques autres voyageurs de choix, écrit-elle, dans une mauvaise auberge de village, le pilote du bateau à vapeur n'osant franchir le Pont-Saint-Esprit avant le jour. Il

(Stendhal) fut là d'une gaîté folle, se grisa raisonnablement, et, dansant autour de la table avec ses grosses bottes fourrées, devint quelque peu grotesque et pas joli du tout[1]. » Deux dessins de Musset, dans l'album du voyage à Venise, présentent la charge de Stendhal, d'abord de profil, énorme et grave sous sa redingote opulente, puis gracieux avec ses bottes fourrées et son manteau à triple collet, dansant devant une servante d'auberge. Arrivés à Avignon, il choqua ses compagnons par d'inconvenantes plaisanteries sur un Christ de la cathédrale. Ils se séparèrent à Marseille[2].

Musset et son amie s'arrêtèrent quelques jours à Gênes. Elle y eut un accès de fièvre. Une lettre de lui à sa mère nous le montre émerveillé des galeries de tableaux et des jardins de cette ville. C'est durant ce séjour de Gênes, à en croire Paul de Musset, que leur serait malheureusement apparu le contraste de leurs natures et de leurs éducations, dans la compagnie de deux jeunes Italiens connus sur le bateau qui les avait amenés de Marseille.

1. *Histoire de ma vie*, cinquième partie, chap. III.
2. Deux lettres de G. Sand sont datées de Marseille (qu'elle a trouvée « stupide », comme Avignon et Lyon), des 18 et 20 décembre 1833. (*Correspondance*, I.)

George Sand elle-même, dans *Elle et Lui*, place à Gênes leurs premiers malentendus. Mais son roman est peu précis, quant à la succession des étapes de leur histoire. La lassitude qu'elle reproche ici à Laurent devant Thérèse malade, doit se rapporter aux premiers jours de Venise[2].

De Gênes, tous deux se rendirent par mer à Livourne. Une caricature d'Alfred les représente, sur le bateau, en costume de voyageurs, *Elle*, appuyée au bastingage, la cigarette aux lèvres, *Lui*, en proie au mal de mer, avec cette légende : *Homo sum et nihil humani a me alienum puto.*

George Sand raconte qu'en proie aux frissons et défaillances de la fièvre, elle visita Pise et le Campo Santo, dans une grande apathie ; que presque indifférents à la suite de leur voyage, ils jouèrent à pile ou face Rome ou Venise ; qu'ils se rendirent à Venise par Florence[3]. Leur séjour à Florence fut de courte durée, George Sand toujours malade, et Musset préoccupé d'y situer un drame qu'il songeait à tirer des chroniques locales. Ce drame est devenu

---

1. *Lui et Elle*, 83 et sq.
2. *Elle et Lui*, 121 et sq.
3. *Histoire de ma vie*, cinquième partie, chap. III.

Lorenzaccio. Ils traversèrent seulement Ferrare et Bologne, pour arriver, le 19 janvier 1834, à Venise.

On a retrouvé récemment une saisissante page de George Sand, racontant leur entrée à Venise. C'est le premier chapitre d'un roman qu'elle n'a pas écrit; mais l'identité parfaite des personnages avec elle et son compagnon en fait plutôt un fragment de Mémoires. Le voici[1] :

Il était dix heures du soir lorsque le misérable *legno* qui nous cahotait depuis le matin sur la route sèche et glacée s'arrêta à Mestre. C'était une nuit de janvier sombre et froide. Nous gagnâmes le rivage dans l'obscurité. Nous descendîmes à tâtons dans une gondole. Le chargement de nos paquets fut long. Nous n'entendions pas un mot de vénitien. La fièvre me jetait dans une apathie profonde. Je ne vis rien, ni la grève, ni l'onde, ni la barque, ni le visage des bateliers. J'avais le frisson, et je sentais vaguement qu'il y avait dans cet embarquement quelque chose d'horriblement triste. Cette gondole noire, étroite, basse, fermée de partout, ressemblait à un cercueil. Enfin, je la sentis glisser sur le flot. Le temps était calme et il ne me semblait pas que nous allassions vite, bien que trois hommes noirs nous fissent voguer rapidement. Ils faisaient entre eux une conversation suivie, comme s'ils eussent été au coin du feu. Nous traversions sans nous en douter cette partie dangereuse de l'archipel vénitien où, au moindre coup de

---

1. Publié par M. de Lovenjoul. *Cosmopolis* de mai 1896.

vent, des courants terribles se précipitent avec furie. Il faisait si noir que nous ne savions pas si nous étions en pleine mer ou sur un canal étroit et bordé d'habitations. J'eus, un instant, le sentiment de l'isolement. Dans ces ténèbres, dans ce tête-à-tête avec un enfant que ne liait point à moi une affection puissante, dans cette arrivée chez un peuple dont nous ne connaissions pas un seul individu et dont nous n'entendions pas même la langue, dans le froid de l'atmosphère dont l'abattement de la fièvre ne me laissait plus la force de chercher à me préserver, il y avait de quoi contrister une âme plus forte que la mienne. Mais l'habitude de tout risquer à tout propos m'a donné un fond d'insouciance plus efficace que toutes les philosophies. Qui m'eût prédit que cette Venise, où je croyais passer en voyageur, sans lui rien donner de ma vie, et sans en rien recevoir, sinon quelques impressions d'artiste, allait s'emparer de moi, de mon être, de mes passions, de mon présent, de mon avenir, de mon cœur, de mes idées, et me ballotter comme la mer ballotte un débris, en le frappant sur ses grèves jusqu'à ce qu'elle l'ait rejeté au loin, et, faible jouet, avec mépris? Qui m'eût prédit que cette Venise allait me séparer violemment de mon idole, et me garder avec jalousie dans son enceinte implacable, aux prises avec le désespoir, la joie, l'amour et la misère?

Eh bien, qui me l'eût prédit ne m'eût pas fait reculer; je lui aurais répondu par mon argument philosophique: Tout se peut! Donc, tout ce qui peut arriver peut aussi ne pas arriver, et tout ce qui peut arriver peut être supporté, car tout ce qui peut être supporté peut aussi ne pas arriver.

Tout à coup Théodore, ayant réussi à tirer une des coulisses qui servent de double persiennes aux gondoles, et regardant à travers la glace, s'écria: — Venise!

Quel spectacle magique s'offrait à nous à travers ce

cadre étroit! Nous descendions légèrement le superbe canal de la Giudecca; le temps s'était éclairci, les lumières de la ville brillaient au loin sur ces vastes quais qui font une si large et si majestueuse avenue à la cité reine! Devant nous, la lune se levait derrière Saint-Marc, la lune mate et rouge, découpant sous son disque énorme des sculptures élégantes et des masses splendides. Peu à peu, elle blanchit, se contracta, et, montant sur l'horizon au milieu de nuages lourds et bizarres, elle commença d'éclairer les trésors d'architecture variée qui font de la place Saint-Marc un site unique dans l'univers.

Au mouvement de la gondole, qui louvoyait sur le courant de la Giudecca, nous vîmes passer successivement sur la région lumineuse de l'horizon la silhouette de ces monuments d'une beauté sublime, d'une grandeur ou d'une bizarrerie fantastique : la corniche transparente du palais ducal, avec sa découpure arabe et ses campaniles chrétiens soutenus par mille colonnettes élancées, surmontées d'aiguilles légères ; les coupoles arrondies de Saint-Marc, qu'on prendrait la nuit pour de l'albâtre quand la lune les éclaire ; la vieille Tour de l'Horloge avec ses ornements étranges ; les grandes lignes régulières des Procuraties ; le Campanile, ou Tour de Saint-Marc, géant isolé, au pied duquel, par antithèse, un mignon portique de marbres précieux rappelle en petit notre Arc triomphal, déjà si petit, du Carrousel ; enfin, les masses simples et sévères de la Monnaie, et les deux colonnes grecques qui ornent l'entrée de la Piazzetta. Ce tableau ainsi éclairé nous rappelait tellement les compositions capricieuses de Turner qu'il nous sembla encore une fois voir Venise en peinture, dans notre mémoire, ou dans notre imagination.

— Que nous sommes heureux ! s'écria Théodore. Cela est beau comme le plus beau rêve. Voilà Venise comme je la connaissais, comme je la voulais, comme je l'avais vue quand je la chantais dans mes vers. Et cette lune qui se lève exprès pour nous la montrer dans toute sa poésie ! Ne dirait-on pas que Venise et le ciel se mettent en frais pour notre réception ? Quelle magnifique entrée ! Ne sommes-nous pas bénis ? Allons, voilà un heureux présage. Je sens que la Muse me parlera ici. Je vais enfin retrouver l'Italie que je cherche depuis Gênes sans pouvoir mettre la main dessus !

Pauvre Théodore ! Tu ne prévoyais pas...

Alfred de Musset éprouva une joie d'enfant à se sentir à Venise. La somptueuse inconsolée, l'éternelle impératrice des lagunes, cité dolente de ses rêveries, Venise, Venise la Rouge de ses premiers chants romantiques, lui épargna la déception qu'il avait redoutée.

Il s'installa avec son amie sur le quai des Esclavons, dans un vieux palais transformé en *albergo,* à l'entrée du Grand Canal, devant la *Salute,* près de la glorieuse place Saint-Marc. C'était l'hôtel Danieli ou *Albergo Reale* dont le dernier occupant avait été un comte Nani-Mocenigo[1].

---

1. Ancien palais Bernado-Nani. — Mme Louise Colet raconte longuement dans son voyage en Italie (1859) ses recherches de l'appartement de Musset et de G. Sand à l'hôtel Davieli : deux chambres, sur une ruelle, aboutissant à un grand salon tendu de soie bleu foncé qui regardait la *Riva dei Schiavoni.* Balzac aurait occupé le même logement en 1835. —

Cet illustre nom vénitien de Mocenigo se rattachait au séjour de Byron. « Jadis lord Byron avait habité un palais sur le Grand Canal — « *Aveva tutto il palazzo, lord Byron* », leur dit leur hôte. Ce souvenir du poète anglais est demeuré si vivace chez Alfred de Musset que, huit ans plus tard, on le retrouve dans son *Histoire d'un merle blanc* : « J'irai à Venise et je louerai sur les bords du Grand Canal, au milieu de cette cité féerique, le grand palais Mocenigo, qui coûte quatre livres dix sous par jour ; là je m'inspirerai de tous les les souvenirs que l'auteur de *Lara* doit y avoir laissés[1]. »

Le charme dolent de Venise, la séduction nostalgique de la dernière capitale du Rêve, enivre pour jamais tous les poètes qui l'ont une fois goûté. C'était le dernier vœu de Théophile Gautier d'endormir ses jours dans un vieux palais de Venise. Ce souhait, la mort l'a réalisé pour Robert Browning et Richard Wagner.

George Sand, toujours languissante de sa fièvre de Gênes, s'était cependant mise au tra-

---

Cf. L. COLET, *l'Italie des Italiens*, t. I, p. 249. In-18, Paris, Dentu, 1862.

1. MAURICE CLOUARD, *Alfred de Musset et George Sand* (*Revue de Paris* du 15 août 1896).

vail. A peine installée, elle abordait la tâche qu'elle-même s'était imposée, d'envoyer le plus tôt possible un roman à Buloz. Aucune autre occupation, aucun plaisir ne devaient l'en distraire. Il fallait gagner sa vie pour pouvoir jouir de Venise. Et sans doute, elle pressait son compagnon de l'imiter[1]. Musset regardait, écoutait, admirait, parcourait la ville en tous sens, prenant des notes, flânant surtout, vivant la vie vénitienne. Bientôt son amie dut garder la chambre, décidément influencée par la *malaria*. Tout en continuant ses promenades, manqua-t-il d'égards envers cette compagne souffrante, plus âgée que lui de six ans et surtout occupée de ses productions littéraires? Nous l'examinerons plus loin. Voici que Musset va tomber lui-même gravement malade. Ceci va jeter entre eux un troisième personnage, leur médecin, le docteur Pietro Pagello.

Sans l'exceptionnelle qualité de ses deux

1. Dans son roman de *Lui*, curieux à plus d'un titre (1860), Mme Louise Colet a longuement raconté les passe-temps probables du poète, parmi les étoiles du théâtre de la Fenice et leurs amants, durant la réclusion volontaire de G. Sand à l'hôtel Danieli. Sans qu'on puisse peut-être s'y trop fier pour les détails, cette partie de son livre laisse une impression de vraisemblance qu'il fallait signaler. (*Lui*, pp. 161-248, in-18, Paris, Charpentier.) Peut-être en tenait-elle le récit du poète lui-même, — qui, comme on sait, eut un caprice pour elle.

partenaires, il serait malaisé de le mettre en scène : on sait qu'il est encore vivant. Mais l'universelle rumeur qui a divulgué depuis deux mois l'histoire des Amants de Venise, a fait Pagello légendaire. Nous n'en dirons pourtant que ce qui est essentiel au récit de ce roman d'amour. Né en 1807, à Castelfranco-Veneto, il a passé sa vie à Venise d'abord, puis à Bellune comme médecin principal de l'hôpital civil. Il y demeure, entouré d'une nombreuse famille et fort estimé.

Habile et intelligent dans sa profession, avec de vrais dons de poète, il était d'une franche beauté, forte et plantureuse, quand il connut G. Sand à Venise. Un portrait d'alors peint par Bevilacqua en témoigne. Sans insister sur son caractère moral, disons du moins que le Smith de la *Confession d'un enfant du siècle* nous paraît être de tous ses portraits romanesques le plus proche de la vérité.

Quoique cette aventure, après soixante-deux ans, ne relève plus guère que de l'histoire littéraire, on conçoit les répugnances du docteur Pagello à en entretenir le public[1]. Je n'ai pas

---

1. Sa discrétion a été remarquable. C'est sans faire même une allusion à la nature de ce roman de jeunesse qu'il a parlé pour la première fois, en 1881, de ses rapports avec George

hésité cependant à faire connaître un document précieux qui devait éclairer singulièrement cette aventure fameuse.

Étant, au mois de novembre 1890, à Mogliano-Veneto, l'hôte d'une Italienne du plus noble esprit, feu la comtesse Andriana Marcello, comme je m'enquérais des traces laissées par G. Sand et Musset à Venise, elle voulut bien demander à la fille aînée du médecin de Bellune, laquelle habitait Mogliano, de lui confier les documents qu'elle possédait. Avec plusieurs lettres de G. Sand, Mme Antonini nous communiqua un mémorial autographe de cette histoire, rédigé par son père dans sa jeunesse, — le tout inédit, comme le prétendait la famille de Pagello.

Ces lettres de G. Sand étaient restées inédites en effet; le journal du docteur l'était moins... J'en ai eu dernièrement la preuve dans *un volume* introuvable, et parfaitement inconnu, où, parmi des essais dramatiques et litté-

---

Sand et Musset, dans une lettre au *Corriere della Sera* (traduite au *Figaro* du 14 mars 1881). Au cours de la même année, un rédacteur de l'*Illustrazione italiana*, qui l'avait interrogé sur ses aventures de Venise, cita quelques fragments d'une lettre où il ne se livrait encore qu'à demi-mot. Il y avait alors près de cinquante ans que les confidences littéraires de Musset et de George Sand en instruisaient leurs lecteurs!

raires de sa façon, Mme Luigia Codemo a glissé le mémorial du médecin de Bellune[1]. Aux premières lignes, j'ai reconnu le texte même du vieux carnet. Il n'y avait plus d'indiscrétion à le faire connaître... En le traduisant pour la première fois, je l'ai accompagné d'un récit synthétique du drame de Venise, d'observations et de maints détails inédits[2].

Le journal intime de Pagello est de peu de temps postérieur aux événements qu'il évoque. — Écoutons le docteur raconter comment il entra en relations avec le couple français de l'hôtel Danieli.

Je demeurais à Venise, où, ayant achevé mes études médicales, je commençais à me procurer quelques clients. Je me promenais un jour sur le quai des Esclavons avec un Génois de mes amis, voyageur et lettré de goût. En passant sous les fenêtres de l'*Albergo Danieli* (ou Hôtel-Royal), je vis à un balcon du premier étage une jeune femme assise, d'une physionomie mélancolique, avec les cheveux très noirs et deux yeux d'une expression décidée et virile. Son

---

1. Luigia Codemo. *Racconti, scene, bozetti, produzioni drammatiche*, 2 vol. in-8°, Trévise, L. Zopelli, 1882. Le journal de Pagello, accompagné de quelques réflexions de Mme L. Codemo, figure sous ce titre : *Sandiana* au premier volume (pp. 155-188).

2. *L'histoire véridique des amants de Venise*, dans le *Gaulois* des 16 et 17 octobre 1896. — *La vie de George Sand et du docteur Pagello à Venise* et *Sand-Musset-Pagello : le retour en France*, dans l'*Echo de Paris* des 20 et 21 octobre 1896.

accoutrement avait un je ne sais quoi de singulier. Ses cheveux étaient enveloppés d'un foulard écarlate, en manière de petit turban.

Elle portait au cou une cravate, gentiment attachée sur un col blanc comme neige et, avec la désinvolture d'un soldat, elle fumait un paquitos en causant avec un jeune homme blond, assis à ses côtés. Je m'arrêtai à la regarder, et mon compagnon, me secouant doucement :

— Hé! hé! me dit-il, tu parais fasciné par cette charmante fumeuse... tu la connais peut-être?

— Non, mais je ne sais ce que je donnerais pour la connaître. Cette femme-là doit être en dehors du commun des femmes. Toi qui as beaucoup voyagé, dis-moi quels sont tes sentiments à son endroit.

— Précisément parce que j'en ai vu de toutes les races et de toutes les couleurs, je ne saurais rien décider de raisonnable : peut-être Anglaise romanesque ou Polonaise exilée, elle a l'air d'une personne de haut rang ; elle doit être étrange et fière.

Ainsi jasant, nous arrivâmes à la place Saint-Marc, où nous nous séparâmes.

Le jour suivant je m'en fus visiter mon ami le Génois (lequel était Rebizzo... je ne crois pas commettre d'indiscrétion en le révélant). Il était à table avec sa famille. Je me montrai un peu préoccupé ; il s'en aperçut et, se tournant vers sa femme :

— Vois, Bianchina, lui dit-il, notre Pagello pense en ce moment à certaine belle fumeuse...

— Que Lazzaro (Rebizzo) juge Anglaise ou Polonaise, répondis-je, mais que je puis vous assurer être une Française pur sang. Je lui ai fait visite il y a une heure, j'y retournerai ; c'est déjà une de mes clientes ; elle a voulu mon adresse.

— Vraiment, s'écria Lazzaro en écarquillant les yeux.

— Oui, oui, vraiment. Ce matin, l'hôtelier Danieli

vint chez moi et je fus introduit dans l'appartement de la fumeuse qui, assise sur un petit siège, la tête mollement appuyée sur sa main, me pria de la soulager d'une forte migraine. Je lui tâtai le pouls ; je lui proposai une saignée qu'elle accepta ; je la pratiquai et à l'instant elle fut soulagée. En me congédiant, elle me pria de revenir, si elle ne me faisait rien dire. Le jeune homme blond, son compagnon inséparable, me reconduisit avec beaucoup de courtoisie jusqu'au bas de l'escalier, et voilà tout, tout ce qui est arrivé aujourd'hui ; mais un pressentiment — doux ou amer, je ne sais — me dit : « Tu reverras cette femme et elle te dominera... »

Là je fis une longue pause. Elle fut interrompue par un éclat de rire de mes hôtes, qui me déclarèrent *amoureux*... « — Non, non, répondis-je, pas encore ! — Mais qui est donc cette étrangère ? demanda la Bianchina. — Je ne sais, lui répondis-je. — Mais pourquoi n'avez-vous pas demandé au moins à l'hôtelière et son nom et sa provenance ? — Pourquoi ?... Parce que j'ai comme peur de le savoir. — Ah ! ah ! il est amoureux et enflammé jusqu'à la pointe des cheveux... »

Vingt jours peut-être se passèrent, pendant lesquels faisant ma visite à peu près journalière aux Rebizzo, la signora Bianchina me demandait souvent, avec un malin sourire, si j'avais vu la fumeuse ; mais, à la dernière enquête qu'elle me fit, je tirai de mon portefeuille cette lettre, que je déposai sur la table ronde, entre elle et son mari assis à dîner. Ils la parcoururent avidement. Elle disait ceci[1] :

Mon cher monsieur Païello [Pagello],

Je vous prie de venir nous voir le plus tôt que vous pourrez, avec un bon médecin, pour conférer ensemble sur l'état du malade français de l'Hôtel-Royal.

1. Cette lettre a été publiée pour la première fois dans un

Mais je veux vous dire auparavant que je crains pour sa raison plus que pour sa vie. Depuis qu'il est malade, il a la tête excessivement faible, et raisonne souvent comme un enfant. C'est cependant un homme d'un caractère énergique et d'une puissante imagination. C'est un poète fort admiré en France. Mais l'exaltation du travail de l'esprit, le vin, la fête, les femmes, le jeu, l'ont beaucoup fatigué, et ont excité ses nerfs. Pour le moindre motif, il est agité comme pour une chose d'importance.

Une fois, il y a trois mois de cela, il a été comme fou, toute une nuit, à la suite d'une grande inquiétude. Il voyait comme des fantômes autour de lui, et criait de peur et d'horreur. A présent, il est toujours inquiet, et, ce matin, il ne sait presque ni ce qu'il dit, ni ce qu'il fait. Il pleure, se plaint d'un mal sans nom et sans cause, demande son pays, [et] dit qu'il est près de mourir ou de devenir fou !

Je ne sais si c'est là le résultat de la fièvre, ou de la surexcitation des nerfs, ou d'un principe de folie. Je crois qu'une saignée pourrait le soulager.

Je vous prie de faire toutes ces observations au médecin, et de ne pas vous laisser rebuter par la difficulté que présente la disposition indocile du malade. C'est la personne que j'aime le plus au monde, et je suis dans une grande angoisse de la voir en cet état.

---

article anonyme de l'*Illustrazione italiana* (de Rome) du 1ᵉʳ mai 1881. Sous ce titre : *Une lettre inédite de George Sand*, l'auteur l'accompagnait d'un bref aperçu des rapports de Musset, G. Sand et Pagello à Venise, et d'extraits de lettres à lui récemment adressées par ce dernier. Nous en donnons la traduction faite par M. de Lovenjoul, sur le texte photographié de l'autographe qui appartient à M. Minoret. (*Cosmopolis* du 15 avril 1896).

J'espère que vous aurez pour nous toute l'amitié que peuvent espérer deux étrangers.

Excusez le misérable italien que j'écris.

G. Sand.

Ce premier récit n'est pas conforme à la légende accréditée par Paul de Musset. D'après celui-ci, Rebizzo, « *l'illustrissimo dottore Berizzo*, un vieillard de quatre-vingts ans, coiffé d'une perruque jadis noire et roussie par le temps, dont toute sa personne offrait l'emblème décrépit », serait le médecin, le premier médecin, qui aurait introduit Pagello chez Musset.

Une des caricatures de Musset, dans l'album de Venise, représente un buste de vieillard penché, une lancette à la bouche, disant : *Non v'é arteria...*

Ce médecin ignare qui ne voyait pas d'artère, était-il Rebizzo? Je ne le pense pas, quoique tous les biographes l'aient répété.

Le récit de Pagello donne déjà un signalement contraire. Un article du *Figaro* de 1882, signé « Un Vieux Parisien », et vingt ans plus tôt Mme Louise Colet, dans son voyage en Italie, ont appelé ce premier médecin le docteur Santini[1].

---

1. *Figaro* du 28 avril 1882. — Louise Colet, *l'Italie des Italiens*, 1er volume, p. 248. Personne n'a signalé ce document

Et puis nous retrouverons les Rebizzo dans la suite : c'étaient des amis de Pagello; ils voulurent prêter quelque argent à George Sand, ainsi qu'elle l'écrivit à Musset. Une des charges de celui-ci, dans l'album de Venise, nous montre un vieux ménage endimanché, à la toilette ridicule, où je me plais à reconnaître *la Bianchina* et son mari, tels que nous les fait entrevoir le récit de Pagello.—Revenons à son journal. Le jeune docteur a remis à ses aimables confidents la lettre que nous avons citée :

Pour la lire jusqu'au bout, écrit-il, il fallait tourner le feuillet. Mais ce qui frappa d'étonnement mes amis Rebizzo, ce fut la signature qui, lue, les fit s'exclamer d'une voix : « *George Sand!* »

qui a sa valeur. Dans une sorte d'interview de l'hôtelier Danieli (1859), Mme Louise Colet lui fait dire :
« ...Je me souviens bien maintenant... Ce joli jeune homme blond fut gravement malade ici. C'est le vieux docteur Santini qui le soigna.
— Un vieux docteur, dites-vous?
— Toujours accompagné d'un aide, d'un jeune élève qui faisait les saignées et donnait les purgatifs, comme c'était alors l'usage à Venise. Depuis, l'élève du docteur Santini, ce bon Pietro Pagello, est devenu docteur à son tour; je puis vous en parler sciemment, car je suis le parrain de sa fille ainée, qui s'est mariée cette année à Trévise. Ce diable de Pagello a bien eu huit enfants, ma foi ! de ses deux femmes...
— Était-il bien beau, ce Pietro Pagello?
— Un gros garçon, un peu court, blond, ayant l'air d'un Prussien. »

Ils me demandèrent alors si j'avais fait ma visite au malade français, quelle maladie il avait et qui il était. Je leur répondis : — Le jeune patient est alité avec une maladie grave que nous avons jugée, mon collègue et moi, être une fièvre typhoïde des plus dangereuses. Il se nomme Alfred de Musset.

— *Per Bacco!* s'écria Rebizzo, c'est le romantique chantre de la Lune! Connais-tu ses poésies?

— Oui, répondis-je, j'en ai lu deux ou trois; c'est d'une grande fantaisie un peu désordonnée, mais en même temps délicate.

Cette lettre de George Sand à Pagello est importante. On n'en a pas fait ressortir la valeur décisive sur le développement de cette histoire d'amour. Elle démontre d'abord que des relations antérieures existaient entre lui et le couple de l'hôtel Danieli. La belle fumeuse du balcon n'était pas restée, vraisemblablement, sans s'apercevoir de l'admiration du jeune Italien, quand *le hasard* le lui amena dans la personne du médecin demandé pour sa migraine. Elle songea de nouveau à lui pour remplacer l'imbécile docteur, premier appelé au chevet de Musset gravement atteint. Son malade était, du moins, encore « la personne qu'elle aimait le plus au monde »... Cette rencontre, qui décidera du sort du poète, va nous livrer tout le secret d'une idylle qui doit finir en tragédie.

Dans quelle situation morale Pagello a-t-il

trouvé George Sand et Alfred de Musset? George Sand, étalant la première, des récriminations, au lendemain de la mort du poète, dans un roman à clef, *Elle et Lui*, « procès-verbal de nécropsie », comme l'a qualifié Maxime du Camp, se plaint abondamment sinon d'infidélités certaines, du moins de négligences cruelles de la part de Musset, d'indifférence et d'abandon. Mais tous deux ont laissé, dans leurs lettres, des témoignages trop contradictoires de leur état d'âme avant la crise qui doit assombrir à jamais cet amour, pour qu'on puisse rien établir de précis...

George Sand essayant, *huit mois plus tard*, de retracer à son amant cette phase douloureuse, lui écrira :

De quel droit m'interroges-tu sur Venise? Étais-je à toi, à Venise? Dès le premier jour, quand tu m'as vue malade, n'as-tu pas pris de l'humeur en disant que c'était bien triste et bien ennuyeux, une femme malade? et n'est-ce pas du premier jour que date notre rupture? Mon enfant, moi, je ne veux pas récriminer, mais il faut bien que tu t'en souviennes, toi qui oublies si aisément les faits. Je ne veux pas dire tes torts, jamais je ne t'ai dit seulement ce mot-là, jamais je ne me suis plainte d'avoir été enlevée à mes enfants, à mes amis, à mon travail, à mes affections et à mes devoirs pour être conduite à trois cents lieues [1] et abandonnée avec des pa-

---

1. Nous avons conté (p. 68) comment elle avait entraîné le poète.

roles si offensantes et si navrantes, sans aucun autre motif qu'une fièvre tierce, des yeux abattus et la tristesse profonde où me jetait ton indifférence. Je ne me suis jamais plainte, je t'ai caché mes larmes, et ce mot affreux a été prononcé, un certain soir que je n'oublierai jamais, dans le casino Danieli : « George, je m'étais trompé, je t'en demande pardon, mais *je ne t'aime pas.* » Si je n'eusse été malade, si on n'eût dû me saigner le lendemain, je serais partie ; mais tu n'avais pas d'argent, je ne savais pas si tu voudrais en accepter de moi, et je ne voulais pas, je ne pouvais pas te laisser seul, en pays étranger, sans entendre la langue et sans un sou. La porte de nos chambres fut fermée entre nous, et nous avons essayé là de reprendre notre vie de bons camarades comme autrefois ici, mais cela n'était plus possible. Tu t'ennuyais, je ne sais ce que tu devenais le soir, et un jour tu me dis que tu craignais[1]... Nous étions tristes. Je te disais : « *Partons*, je te reconduirai jusqu'à Marseille », et tu répondais : « Oui, c'est le mieux, mais je voudrais travailler un peu ici puisque nous y sommes. » Pierre venait me voir et me soignait, tu ne pensais guère à être jaloux, et certes je ne pensais guère à l'aimer. Mais quand je l'aurais aimé dès ce moment-là, quand j'aurais été à lui dès lors, veux-tu me dire quels comptes j'avais à te rendre, à toi, qui m'appelais l'ennui personnifié, la rêveuse, la bête, la religieuse, que sais-je ? Tu m'avais blessée et offensée, et je te l'avais dit aussi : « *Nous ne nous aimons plus, nous ne nous sommes pas aimés* [2]. »

Voilà des accusations dont il convient de tenir compte. Pourtant, au lendemain de la

---

1. Ici quatre mots effacés par George Sand au crayon bleu.
2. *Revue de Paris* du 1ᵉʳ nov. 1896.

crise, quand Musset est rentré à Paris, et qu'à son silence elle a craint un moment de l'avoir perdu, ne lui a-t-elle pas écrit : « Oh ! mon enfant ! mon enfant ! que j'ai besoin de ta tendresse et de ton pardon ! Ne me parle pas du mien, ne me dis pas que tu as eu des torts envers moi ; qu'en sais-je ? Je ne me souviens plus de rien sinon que nous avons été bien malheureux et que nous nous sommes quittés[1]... »

Musset également, en partant de Venise, désespéré d'elle et de lui-même, ne lui jette-t-il pas cet aveu « qu'il a mérité de la perdre[2] »...
— Lettres d'amants encore enchaînés l'un à l'autre ! — C'est par des documents plus précis que nous parviendrons à reconstituer le vraisemblable de leur navrante histoire.

Voilà donc le docteur Pagello en relations suivies avec George Sand et Alfred de Musset (février 1834), tout heureux de se rapprocher enfin de la belle étrangère de l'hôtel Danieli. Rendons la parole à son journal.

> Si je fus assidu au lit de ce malade, vous pouvez l'imaginer. George Sand veillait avec moi des nuits entières, à son chevet. Ces veillées n'étaient pas muettes et les grâces, l'esprit élevé, la douce confiance que me mon-

---

1. *Revue de Paris* du 1ᵉʳ nov. 1896, p. 7.
2. V. plus loin.

trait la Sand, m'enchaînaient à elle tous les jours, à toute heure et à chaque instant davantage. Nous parlions de la littérature, des poètes et des artistes italiens; de Venise, de son histoire, de ses monuments, de ses coutumes; mais à chaque nouveau trait, elle m'interrompait en me demandant à quoi je pensais. Confus de me sentir surpris à être ainsi absorbé, en causant avec elle, je me prodiguais en excuses, devenant rouge comme braise, tandis qu'elle me disait avec un sourire presque imperceptible et un regard de la plus fine expression : « Oh! docteur, je vous ennuie beaucoup avec mes mille questions! » Je restais muet.

Un soir qu'Alfred de Musset nous pria de nous éloigner de son lit parce qu'il se sentait passablement bien et avait envie de dormir, nous nous assîmes à une table près de la cheminée.

Eh bien! madame, lui dis-je, vous avez l'intention d'écrire un roman qui parle de la belle Venise?

— Peut-être..., répondit-elle, puis elle prit un feuillet et se mit à écrire avec la fougue d'un improvisateur. Je la regardais étonné, contemplant ce visage ferme, sévère, inspiré; puis, respectueux de ne pas la troubler, j'ouvris un volume de Victor Hugo qui était sur la table, et j'en lus quelques passages sans pouvoir y prêter la moindre attention. Ainsi passa une longue heure. Finalement, George Sand déposa la plume et, sans me regarder ni me parler, elle se prit la tête entre les mains et resta plus d'un quart d'heure dans cette attitude, puis, se levant, elle me regarda fixement, saisit le feuillet où elle avait écrit et me dit : « C'est pour vous. » Ensuite, prenant la lumière, elle s'avança doucement vers Alfred qui dormait, et s'adressant à moi :

— Vous paraît-il, docteur, que la nuit sera tranquille?

— Oui, répondis-je.

— Alors vous pouvez partir, et au revoir demain matin.

Je partis et rentrai droit à mon logis où je m'empressai de lire ce feuillet...

Qu'était cette page remise par George Sand à Pagello ? « Un splendide morceau poétique », avait écrit le fils du docteur, avant que son père ne se décidât, récemment, à le laisser publier. Un morceau à double fin, un chapitre de roman imaginé par George Sand pour se déclarer à Pagello. Elle le plia dans une enveloppe sans adresse et le lui remit, a raconté M. le professeur Fontana, d'après Pagello lui-même (lettre citée par le Dr Cabanès[1]). Pagello feignit de ne pas comprendre et demanda à qui remettre ce pli. « — *Au stupide Pagello* », écrivit George Sand sur l'enveloppe.

Sans reproduire avec le récit du docteur, cette « déclaration » mystérieuse, Mme Luigia Codemo en citait pourtant une phrase qui peut la résumer : « Je t'aime parce que tu me plais ; peut-être bientôt te haïrai-je. » Elle ajoutait qu'observant devant l'intéressé lui-même la beauté de cette page, digne de l'auteur de *Lélia*, — sa propre héroïne sans doute, — Pagello lui avait répliqué par les premières paroles du

1. *Revue hebdomadaire* du 1er août 1896.

roman : « Qui es-tu ? et pourquoi ton amour fait-il tant de mal[1] ? »

La déclaration de George Sand est maintenant connue. Au cours d'une interview récente, obtenue de Pietro Pagello, à Bellune, — interview des plus méritoires, celui-ci, nonagénaire et sourd, n'entendant pas le français, — M. le Dr Cabanès l'a décidé par l'entremise de son interprète, M. le Dr Just Pagello son fils, à lui livrer ces feuillets mémorables[2].

On y retrouvera l'inspiration et jusqu'au style des premiers chapitres de *Lélia*.

En Morée.

Nés sous des cieux différents, nous n'avons ni les mêmes pensées ni le même langage; avons-nous du moins des cœurs semblables?

Le tiède et brumeux climat d'où je viens m'a laissé des impressions douces et mélancoliques : le généreux soleil qui a bruni ton front, quelles passions t'a-t-il données? Je sais aimer et souffrir, et toi, comment aimes-tu?

L'ardeur de tes regards, l'étreinte violente de tes bras, l'audace de tes désirs me tentent et me font peur. Je ne sais ni combattre ta passion ni la partager. Dans mon pays on n'aime pas ainsi; je suis auprès de toi comme

---

1. L. CODEMO, ouvrage cité, I, p. 165.
2. Dr A. CABANÈS, *Une visite au Dr Pagello. La déclaration d'amour de George Sand.* — *Revue hebdomadaire* du 24 octobre 1896.

une pâle statue, je te regarde avec étonnement, avec désir, avec inquiétude.

Je ne sais pas si tu m'aimes vraiment. Je ne le saurai jamais. Tu prononces à peine quelques mots dans ma langue, et je ne sais pas assez la tienne pour te faire des questions si subtiles. Peut-être est-il impossible que je me fasse comprendre quand même je connaîtrais à fond la langue que tu parles.

Les lieux où nous avons vécu, les hommes qui nous ont enseignés, sont cause que nous avons sans doute des idées, des sentiments et des besoins inexplicables l'un pour l'autre. Ma nature débile et ton tempérament de feu doivent enfanter des pensées bien diverses. Tu dois ignorer ou mépriser les mille souffrances légères qui m'atteignent, tu dois rire de ce qui me fait pleurer.

Peut-être ne connais-tu pas les larmes.

Seras-tu pour moi un appui ou un maître? Me consoleras-tu des maux que j'ai soufferts avant de te rencontrer? Sauras-tu pourquoi je suis triste? Connais-tu la compassion, la patience, l'amitié? On t'a élevé peut-être dans la conviction que les femmes n'ont pas d'âme. Sais-tu qu'elles en ont une? N'es-tu ni chrétien ni musulman, ni civilisé ni barbare; es-tu un homme? Qu'y a-t-il dans cette mâle poitrine, dans cet œil de lion, dans ce front superbe? Y a-t-il en toi une pensée noble et pure, un sentiment fraternel et pieux? Quand tu dors, rêves-tu que tu voles vers le ciel? Quand les hommes te font du mal, espères-tu en Dieu?

Serai-je ta compagne ou ton esclave? Me désires-tu ou m'aimes-tu? Quand ta passion sera satisfaite, sauras-tu me remercier? Quand je te rendrai heureux, sauras-tu me le dire?

Sais-tu ce que je suis, ou t'inquiètes-tu de ne pas le savoir? Suis-je pour toi quelque chose d'inconnu qui te fait chercher et songer, ou ne suis-je à tes yeux qu'une femme semblable à celles qui engraissent dans les harems? Ton œil, où je crois voir briller un éclair divin, n'exprime-t-il qu'un désir semblable à celui que ces femmes apaisent? Sais-tu ce que c'est que le désir de l'âme que n'assouvissent pas les temps, qu'aucune caresse humaine n'endort ni ne fatigue? Quand ta maîtresse s'endort dans tes bras, restes-tu éveillé à la regarder, à prier Dieu et à pleurer?

Les plaisirs de l'amour te laissent-ils haletant et abruti, ou te jettent-ils dans une extase divine? Ton âme survit-elle à ton corps, quand tu quittes le sein de celle que tu aimes?

Oh! quand je te verrai calme, saurai-je si tu penses ou si tu te reposes? Quand ton regard deviendra languissant, sera-ce de tendresse ou de lassitude?

Peut-être penses-tu que tu ne me connais pas... que je ne te connais pas. Je ne sais ni ta vie passée, ni ton caractère, ni ce que les hommes qui te connaissent pensent de toi. Peut-être es-tu le premier, peut-être le dernier d'entre eux. Je t'aime sans savoir si je pourrai t'estimer, je t'aime parce que tu me plais, peut-être serai-je forcée de te haïr bientôt.

Si tu étais un homme de ma patrie, je t'interrogerais et tu me comprendrais. Mais je serais peut-être plus malheureuse encore, car tu me tromperais.

Toi, du moins, ne me tromperas pas, tu ne me feras pas de vaines promesses et de faux serments. Tu m'aimeras comme tu sais et comme tu peux aimer. Ce que j'ai cherché en vain dans les autres, je ne le trouverai peut-être pas en toi, mais je pourrai toujours croire que tu le possèdes. Les regards et les caresses d'amour qui m'ont toujours menti, tu me les laisseras expliquer à mon gré, sans y joindre de trompeuses paroles. Je pourrai interpréter ta rêverie et faire parler éloquemment ton silence. J'attribuerai à tes actions l'intention que je te désirerai. Quand tu me regarderas tendrement, je croirai que ton âme s'adresse à la mienne; quand tu regarderas le ciel, je croirai que ton intelligence remonte vers le foyer éternel dont elle émane.

Restons donc ainsi, n'apprends pas ma langue, je ne veux pas chercher dans la tienne les mots qui te diraient mes doutes et mes craintes. Je veux ignorer ce que tu fais de ta vie et quel rôle tu joues parmi les hommes. Je voudrais ne pas savoir ton nom, cache-moi ton âme que je puisse toujours la croire belle.

Toute précieuse qu'elle est pour l'histoire de cet amour romantique et la psychologie de George Sand, sa déclaration ne nous apprend rien d'elle que nous ne sachions déjà. Elle n'a encore trahi Musset qu'en pensée. Lui-même doutera longtemps qu'elle n'ait pas attendu son départ de Venise pour se donner à Pagello. — Mais reprenons le naïf récit du jeune Italien. Il a dévoré l'autographe de la romancière célèbre, dans sa modeste chambre de petit médecin. Il est abasourdi de sa bonne fortune :

Oui, oui, je ne puis nier que le génie de cette femme me surprît et m'annihilât. Si je l'aimais d'abord, vous pouvez vous imaginer combien je l'aimai davantage après cette lecture. J'aurais donné je ne sais quoi pour la voir aussitôt, me jeter à ses pieds, lui jurer un amour impérissable; mais il était déjà tard, et je restais pourtant en face de cette feuille, la relisant deux fois avec le même enthousiasme. Cependant quelques phrases, l'allure de cet écrit éveillèrent en moi, après la troisième lecture, un je ne sais quoi d'indéfinissable et d'amer qui me sembla me monter au cerveau des profondeurs du cœur...

Elle entoure son épicurisme d'une fine auréole de gloire, me disais-je; elle me dépeint semblable à un demi-dieu et badine avec moi après m'avoir jeté sur le dos la tunique de Nessus. Je sens que je me laisse envelopper en vain de ses filets, et dans cette situation je me demande : « Sera-t-elle la première ou la dernière des femmes? » Ensuite, ma position me revenait à l'esprit; jeune, initié, je commençais à me procurer une clientèle pour laquelle la science ne suffit pas : il y faut encore une conduite sévère. En dernier lieu, je me rappelai Alfred de Musset qui, jeune, gravement malade, étranger, se fiait à mes soins et à mon amitié. Ces pensées m'agitaient l'âme et, me tenant la tête dans les mains, il me semblait que ma cervelle s'en allait deçà et de-là, comme la navette du tisserand.

Levant les yeux, je vis devant moi le portrait de ma mère morte un an auparavant. Je crus l'entendre me répéter son proverbe : « Si tu trouves, dans la vie, des attraits qui contrastent avec les principes moraux que je t'ai inspirés, ceux-là te rendront malheureux. » Je me jetai sur mon lit et passai le reste de la nuit sans dormir, travaillé par les idées contraires qui luttaient en moi.

A dix heures du matin, je fus, comme de coutume, faire ma visite à Alfred de Musset qui allait visiblement mieux, après avoir couru pour sa vie un grave péril. La Sand n'y était pas. Assis contre le lit du patient et causant avec lui, je n'osai demander où était sa compagne de voyage; mais un mouvement involontaire me fit maintes fois regarder derrière moi comme si je la sentais approcher, et j'épiais la porte d'une chambre voisine d'où je m'attendais à la voir apparaître.

Il y avait pourtant deux désirs contraires en moi : l'un qui haletait ardemment de la voir, l'autre qui aurait voulu la fuir, mais celui-ci perdait toujours à la loterie.

Tout à coup s'ouvrit la porte que je regardais, et George Sand apparut, introduisant sa petite main dans un gant d'une rare blancheur, vêtue d'une robe de satin couleur noisette, avec un petit chapeau de peluche orné d'une belle plume d'autruche ondoyante, avec une écharpe de cachemire aux grandes arabesques, d'un excellent et fin goût français. Je ne l'avais vue encore aussi élégamment parée et j'en demeurais surpris, lorsque s'avançant vers moi avec une grâce et une désinvolture enchanteresses, elle me dit : « — Signor Pagello, j'aurais besoin de votre compagnie pour aller faire quelques petits achats, si, cependant, cela ne vous dérange pas. »

Je ne sus que bredouiller : que je me tenais honoré de me mettre à son service comme *cicerone* et comme interprète. Alfred alors nous congédia, et nous sortîmes ensemble. Quand je me sentis au grand air, il me sembla respirer plus librement, et je parlai avec plus de désinvolture et plus d'agilité. Elle me raconta comment elle vivait depuis quelques mois en relations avec Alfred, combien de raisons nombreuses elle avait de se plaindre de lui, et qu'elle était déterminée à ne pas retourner avec lui en France. Je vis alors mon sort, je n'en eus ni joie ni douleur, mais je m'y engouffrai les yeux fermés. Je vous fais grâce de la très longue conversation que j'eus avec George Sand, en nous promenant, trois heures durant, de-ci et de-là sur la place Saint-Marc. Nous parlâmes comme tout le monde en semblable cas. C'étaient les variations accoutumées du verbe *je t'aime*... Mais, après vingt jours écoulés, il survint des faits plus graves.

Le journal de Pagello suspend ici le récit de son aventure, du moins jusqu'après que Musset aura quitté Venise. C'est maintenant pourtant que le drame commence. — La maladie du poète et sa convalescence se prolongeront jusqu'au 29 mars 1834, date de son retour en France. Que s'est-il exactement passé entre eux dans ces deux mois ?

**

George Sand n'avait pas tardé à se donner à Pagello, nous le prouverons amplement tout à l'heure. Elle a pourtant protesté toute sa vie contre « *cette sale accusation... le spectacle d'un nouvel amour sous les yeux d'un mourant*[1] ».

Que Musset ait souffert tous les tourments de la jalousie, qu'il ait même soupçonné jusqu'à l'évidence l'infidélité de son amie, c'est hors de doute. Il sera difficile pourtant de préciser l'état d'âme complexe du pauvre grand poète à son départ de Venise.

Cette femme dont l'amour empoisonnait sa vie n'avait-elle pas persuadé à sa faiblesse qu'elle l'avait sauvé corps et âme, se posant

---

1. Lettre à Sainte-Beuve, 1861. *Cosmopolis* du 15 avril 1896.

comme l'innocente et maternelle victime de leur amour?... Rentré à Paris, il s'occupera des affaires de George Sand ; l'éloignement la lui poétisera, en la justifiant à ses yeux, et le 30 avril, il n'hésitera pas à lui écrire : « Je voudrais te bâtir un autel, fût-ce avec mes os! » Cet autel, il l'élèvera dans les trois dernières parties de la *Confession d'un enfant du siècle*, où il n'accuse que lui-même. Ce qui n'empêchera point son orgueilleuse idole d'écrire alors à Mme d'Agoult : « Les moindres détails d'une intimité malheureuse y sont si fidèlement, si minutieusement rapportés... que je me suis mise à pleurer comme une bête en fermant le livre... »

Que Musset ait été sans reproche, il n'en saurait être question. Lui-même s'en est généreusement confessé. Son inégalité de caractère, due à des nerfs malades ; ses rechutes probables dans l'intempérance, qui offensaient l'orgueil de George Sand ; sa lassitude teintée d'égoïsme durant la maladie de son amie, feraient admettre, chez celle-ci, du découragement, sinon un dessein de revanche. On a parlé de légères infidélités de Musset dans les premières semaines de leur séjour à Venise, — elle, languissante de fièvre, mais surtout préoccupée d'écrire : obsession d'un travail régulier qui exaspérait l'éternelle fantaisie du poète. Lui-même se serait ouvert à Arsène Houssaye de quelques passades sans importance[1]. Or, George Sand n'y a fait que vaguement allusion, — hors toutefois son roman d'*Elle et Lui*. — Qui sait si le poète, hanté de la superstition française, n'a pas voulu se vanter de n'avoir obtenu que ce qu'il méritait ?...

Mais rien ne semble pouvoir excuser le changement soudain de la maîtresse, sa légèreté, sinon sa perfidie, au chevet de son ami mourant. Voilà des jours et des semaines qu'elle le veille, en mère inquiète, avec ce dévouement sans bornes dont elle avait la source dans son instinct de protection, quand tout à coup elle s'avise de prendre Pagello pour amant. Elle n'a pas à invoquer de nouvelles trahisons. Au début de cette grave maladie, elle a appelé Pagello, en lui écrivant « qu'il s'agit de la personne qu'elle aime le plus au monde ». — Peut-être déjà se défendait-elle contre elle-même en écrivant ces mots. Mais pourquoi appeler Pagello et non pas un autre ?... Peut-être Musset l'avait-il désiré ?...

---

1. *Confessions* d'A. Houssaye, tome V.

Nous avons vu dans le journal sincère du médecin la naissance de sa bonne fortune. Le poète s'en aperçut bientôt; mais comment lui vint le soupçon ? Il faut parler ici d'un épisode fameux : la vision qu'aurait eue Musset, alors en grand danger, de l'étrange façon dont sa garde-malade remplissait les intermèdes avec Pagello. On connaît la scène contée dans *Lui et Elle* : Falconey vient de s'entendre juger comme perdu par sa maîtresse et son médecin. Entre deux accès de léthargie il les aperçoit, dans sa propre chambre, aux bras l'un de l'autre, puis il constate qu'ayant dîné là, ils ont bu dans le même verre...

Sainte-Beuve, confident de George Sand durant cette période expérimentale de sa vie, Sainte-Beuve, je le sais de bonne source, croyait la vision du poète réelle; la correspondance des deux amants prouvera-t-elle que le poète n'avait pas rêvé?... Or, d'Alfred de Musset lui-même, nous ne savons rien encore, qu'à travers le livre de son frère, où l'on a prétendu que la rancune éclatait à chaque page. La famille du poète a toujours maintenu, au contraire, que Paul de Musset n'avait dit que la vérité. Comment mettre en doute une affirmation de la force de celle-ci : « Il n'appartenait qu'à Édouard Falconey de raconter des événements qui ont exercé une influence considérable sur son génie et sur sa vie entière ; lui seul a pu recueillir les détails de cette singulière soirée... En voici la relation *telle qu'il la dicta lui-même* à Pierre (*Paul de Musset*) vingt ans plus tard. » Suit la scène bien connue de l'hôtel Danieli. Mais nous avons affaire à un roman. L'auteur a pu arranger les souvenirs de son héros dans l'intérêt de la cause. On sera convaincu qu'il n'en est rien, en comparant le chapitre de *Lui et Elle* avec ce morceau inédit que Mme Lardin de Musset m'a permis de copier sur l'autographe de son frère Paul :

DICTÉ PAR ALFRED DE MUSSET A SON FRÈRE, DÉCEMBRE 1852.

Il y avait à peu près huit ou dix jours que j'étais malade à Venise. Un soir, Pagello et G. S. étaient assis près de mon lit. Je voyais l'un, je ne voyais pas l'autre, et je les entendais tous deux. Par instants, les sons de leurs voix me paraissaient faibles et lointains ; par instants, ils résonnaient dans ma tête avec un bruit insupportable.

Je sentais des bouffées de froid monter du fond de mon lit, une vapeur glacée, comme il en sort d'une cave ou d'un tombeau, me pénétrer jusqu'à la moelle des os. Je conçus la pensée d'appeler, mais je ne l'essayai même pas, tant il y avait loin du siège de ma pensée aux organes qui auraient dû l'exprimer. A l'idée qu'on pouvait me croire mort et m'enterrer avec ce reste de vie réfugié dans mon cerveau, j'eus peur; et il me fut impossible d'en donner aucun signe. Par bonheur, une main, je ne sais laquelle, ôta de mon front la compresse d'eau froide, et je sentis un peu de chaleur.

J'entendis alors mes deux gardiens se consulter sur mon état. Ils n'espéraient plus me sauver. Pagello s'approcha du lit et me tâta le pouls. Le mouvement qu'il me fit faire était si brusque pour ma pauvre machine que je souffris comme si on m'eût écartelé. Le médecin ne se donna pas la peine de poser doucement mon bras sur le lit. Il le jeta comme une chose inerte, me croyant mort ou à peu près. A cette secousse terrible, je sentis toutes mes fibres se rompre à la fois; j'entendis un coup de tonnerre dans ma tête et je m'évanouis. Il se passa ensuite un long temps. Est-ce le même jour ou le lendemain que je vis le tableau suivant, c'est ce que je ne saurais dire aujourd'hui. Quoi qu'il en soit, je suis certain d'avoir aperçu ce tableau que j'aurais pris pour une vision de malade si d'autres preuves et des aveux complets ne m'eussent appris que je ne m'étais pas trompé. En face de moi je voyais une femme assise sur les genoux d'un homme. Elle avait la tête renversée en arrière. Je n'avais pas la force de soulever ma paupière pour voir le haut de ce groupe, où la tête de l'homme devait se trouver. Le rideau du lit me dérobait aussi une partie du groupe; mais cette tête que je cherchais vint d'elle-même se poser dans mon rayon visuel. Je vis les deux personnes s'embrasser. Dans le premier moment, ce tableau ne me fit pas une vive impression. Il me fallut une minute pour comprendre cette révélation; mais je compris tout à coup et je poussai un léger cri. J'essayai alors de tourner ma tête sur l'oreiller et elle tourna. Ce succès me rendit si joyeux, que j'oubliai mon indignation et mon horreur et que j'aurais voulu pouvoir appeler mes gardiens pour leur crier:

« Mes amis, je suis vivant ! » Mais je songeai qu'ils ne s'en réjouiraient pas et je les regardai fixement. Pagello s'approcha de moi, me regarda et dit : « Il va mieux. S'il continue ainsi, il est sauvé ! » Je l'étais en effet.

C'est, je crois, le même soir, ou le lendemain peut-être que Pagello s'apprêtait à sortir lorsque G. S. lui dit de rester et lui offrit de prendre le thé avec elle. Pagello accepta la proposition. Il s'assit et causa gaiement. Ils se parlèrent ensuite à voix basse, et j'entendis qu'ils projetaient d'aller dîner ensemble en gondole à Murano. « — Quand donc, pensais-je, iront-ils dîner ensemble à Murano ? Apparemment quand je serai enterré. » Mais je songeai que les dîneurs comptaient sans leur hôte. En les regardant prendre leur thé, je m'aperçus qu'ils buvaient l'un après l'autre dans la même tasse. Lorsque ce fut fini, Pagello voulut sortir. G. S. le reconduisit. Ils passèrent derrière un paravent, et je soupçonnai qu'ils s'y embrassaient. G. S. prit ensuite une lumière pour éclairer Pagello. Ils restèrent quelque temps ensemble sur l'escalier. Pendant ce temps-là, je réussis à soulever mon corps sur mes mains tremblantes. Je me mis *à quatre pattes* sur le lit. Je regardai la table de toute la force de mes yeux. Il n'y avait qu'une tasse ! Je ne m'étais pas trompé. Ils étaient amants ! Cela ne pouvait plus souffrir l'ombre d'un doute. J'en savais assez. Cependant je trouvai encore le moyen de douter, tant j'avais de répugnance à croire une chose si horrible !

*
* *

Les lettres de George Sand à Pagello, que celui-ci, vingt fois près de les détruire, a conservées pourtant (M. Maurice Sand lui savait gré de sa discrétion), nous éclaireraient pleinement sur cette phase de leur amour. Pagello n'en voulait rien livrer... Pourtant, après son Journal intime, j'ai pensé qu'il n'y avait plus d'indiscrétion à publier, non sans quelques retranchements utiles, la plus belle de ces lettres. J'en avais pris copie : c'est, en quinze ou vingt pages de sa ferme écriture, une précieuse planche d'anatomie morale adressée par George Sand à son nouvel amant.

J'y lis clairement qu'une scène violente entre Lélia et Musset a résulté du « continuel espionnage » trop justifié de celui-ci. Pagello, attristé par les souffrances du pauvre jaloux, aurait demandé à George Sand de lui pardonner. Elle y aurait consenti « par faiblesse et imprudence », ne croyant pas au repentir, ne sachant elle-même ce que c'est que le repentir ! Elle eût préféré tout avouer à Alfred; il eût d'abord beaucoup pleuré, puis se fût calmé. Elle ne l'eût revu qu'à l'heure de partir pour la France; elle l'y eût accompagné et on se fût séparé amicalement à Paris.

Pagello apparaît ici comme un honnête cœur qui a pu envisager chez son amie un complet pardon de l'amant trahi, — le pardon de l'amour peut-être. Mais elle ne sait être généreuse : quand on l'a offensée et qu'elle a dit qu'elle n'aimait plus, c'est bien fini. « Ma conduite peut être magnanime, mon cœur ne peut pas être miséricordieux. Je suis trop bilieuse, ce n'est pas ma faute. Je puis servir Alfred par devoir ou par honneur; mais lui pardonner par amour, ce m'est impossible. »

Elle poursuit, dans ces sophismes de la passion et de l'orgueil, en expliquant à Pagello quelle soumission elle espère de lui...

Mais la singulière amoureuse interrompt ses remontrances pour déclarer à son amant qu'il réunit à ses yeux toutes les perfections.

C'est la première fois, lui dit-elle, qu'elle aime sans souffrir au bout de trois jours. Elle se sent jeune encore ; son cœur n'est pas usé. Ici, un hymne sensuel d'une étonnante vigueur, qu'attriste pour finir, comme une ombre importune, la vision toujours présente de l'autre amour qu'elle veut croire à son déclin. — Voici ce document décisif :

Aurons-nous assez de prudence et assez de bonheur, toi et moi, pour lui cacher encore notre secret pendant un mois? Les amants n'ont pas de patience et ne savent pas se cacher. Si j'avais pris une chambre dans l'auberge, nous aurions pu nous voir sans le faire souffrir et sans nous exposer à le voir d'un moment à l'autre devenir furieux. Tu m'as dit de lui pardonner; la compassion que me causaient ses larmes ne me portait que trop à suivre ton conseil; mais ma raison me dit que ce pardon était un acte de faiblesse et d'imprudence, et que j'aurais bientôt sujet de m'en repentir. Son cœur n'est pas mauvais et sa fibre est très sensible; mais son âme n'a ni force ni véritable noblesse. Elle fait de vains efforts pour se maintenir dans la dignité qu'elle devrait avoir — Et puis, vois-tu, moi, je ne crois pas au repentir. Je ne sais pas ce que c'est. Jamais je n'ai eu sujet de demander pardon à qui que ce soit; et quand je vois les torts recommencer après les larmes, le repentir qui vient après ne me semble plus qu'une faiblesse. — Tu me commandes d'être généreuse. Je le serai; mais je crains que cela ne nous rende encore plus malheureux tous les trois. Dans deux ou trois jours, les soupçons d'Alfred recommenceront et deviendront peut-être des certitudes. Il suffira d'un regard entre nous pour le rendre fou de colère et de jalousie. S'il découvre la vérité, à présent, que ferons-nous pour le calmer? Il nous détestera pour l'avoir trompé. — Je crois que le parti que j'avais pris aujourd'hui était le meilleur, Alfred aurait beaucoup pleuré, beaucoup souffert dans le premier moment, et puis il se serait calmé, et sa guérison aurait été plus prompte qu'elle ne le sera maintenant. Je ne me serais montrée à lui que le jour de son départ pour la France et je l'aurais accompagné. Du moment qu'il ne nous aurait plus vus ensemble, il n'aurait plus eu aucun sujet de colère et d'inquiétude, et nous aurions pu lui et moi arriver à Paris et nous y séparer avec amitié. Au lieu que nous serons peut-être ennemis jurés avant de quitter Venise. C'est le relâchement des nerfs après une crispation, c'est un besoin de pleurer après le besoin de blasphémer. Je ne peux pas être ainsi. Je ne peux pas être ainsi (*sic*). Tant que j'aime il m'est impossible d'injurier ce que j'aime, et quand j'ai dit une fois *je ne vous aime plus*, il est impossible à mon cœur de rétracter ce qu'a prononcé ma bouche. C'est là, je crois, un mauvais caractère : je suis orgueilleuse et dure. Sache cela, mon enfant, et ne m'offense jamais. Je ne suis pas généreuse, ma conscience me force à te le dire. Ma conduite peut être magnanime, mon cœur ne peut pas être miséricordieux. Je suis trop bilieuse, ce n'est pas ma faute. Je puis servir encore Alf. par devoir et par honneur, mais lui pardonner par amour ce m'est impossible.

Songe à cela, réfléchis à mon caractère et souviens-toi de ce que tu as dit une fois :

> Ella cessa de amare questo uomo per amarmi,
> Ella potra cessar de amarmi per amar un altro.

Je ne crois pas que j'en puisse aimer un autre à présent, si je cessais de t'aimer.

Je vieillis et mon cœur s'épuise, mais je puis devenir de glace pour toi d'un jour à l'autre. Prends garde, prends garde à moi! Pour conserver mon amour et mon estime, il faut se tenir bien près de la perfection. Ah! c'est que l'amour est une chose si grande et si belle! L'amitié peut être oublieuse et tolérante. Je pardonne tout à mes amis, et il y en a parmi eux que j'aime sans pouvoir les estimer. Mais l'amour, selon moi, c'est la vénération, c'est un culte. Et si mon dieu se laisse tomber tout à coup dans la crotte, il m'est impossible de le relever et de l'adorer. Mais je suis stupide de te faire de pareilles remontrances. Est-ce que tu es capable de dire une injure ou une grossièreté à une femme! Non : pas même à celle qui te serait indifférente. C'est bien bête de ma part de le craindre et de me méfier. C'est toi au contraire qui dois te méfier de moi. Es-tu sûr que je sois digne d'un cœur aussi noble que le tien? Je suis si exigeante et si sévère, ai-je bien le droit d'être ainsi?

Mon cœur est-il pur comme l'or pour demander un amour irréprochable? Hélas! j'ai tant souffert, j'ai tant cherché cette perfection sans la rencontrer! Est-ce toi, est-ce enfin toi, mon Pietro, qui réaliseras mon rêve? Je le crois, et jusqu'ici je te vois grand comme Dieu. Pardonne-moi d'avoir peur quelquefois. C'est quand je suis seule et que je songe à mes maux passés que le doute et le découragement s'emparent de moi.

Quand je vois ta figure honnête et bonne, ton regard tendre et sincère, ton front pur comme celui d'un enfant, je me rassure et ne songe plus qu'au plaisir de te regarder. Tes paroles sont si belles et si bonnes! tu parles une langue si mélodieuse, si nouvelle à mes oreilles et à mon âme! Tout ce que tu penses, tout ce que tu fais est juste et saint. Oui, je t'aime, c'est toi que j'aurais dû toujours aimer. Pourquoi t'ai-je rencontré si tard? quand je ne t'apporte plus qu'une beauté flétrie par les années et un cœur usé par les déceptions —Mais non, mon cœur n'est pas usé. Il est sévère, il est méfiant, il est inexorable, mais il est fort, ce passionné. Jamais je n'ai mieux senti sa vigueur et sa jeunesse que la dernière fois que tu m'as couverte de tes caresses. (*Un mot effacé.*)

Oui, je peux encore aimer. Ceux qui disent que non en ont menti. Il n'y a que Dieu qui puisse me dire : « Tu n'aimeras plus. » — Et je sens bien qu'il ne l'a pas dit. Je sens bien qu'il ne m'a pas retiré le feu du ciel ; et que, plus je suis devenue ambitieuse en amour, plus je suis devenue capable d'aimer celui qui satisfera mon ambition. C'est toi, oui, c'est toi. Reste ce que tu es à présent, n'y change rien. Je ne trouve rien en toi qui ne me plaise et ne me satisfasse. C'est la première fois que j'aime sans souffrir au bout de trois jours. Reste mon Pagello, avec ses gros baisers, son air simple, son sourire de jeune fille, ses caresses..... son grand gilet, son regard doux..... Oh! quand serai-je ici seule au monde avec toi? Tu m'enfermeras dans ta chambre et tu emporteras la clef quand tu sortiras, afin que je ne voie, que je n'entende rien que toi, et tu...

— Être heureuse un an et mourir. Je ne demande que cela à Dieu et à toi. Bonsoir, *mio Piero*, mon bon cher ami, je ne pense plus à mes chagrins quand je parle avec toi. Pourtant mentir toujours est bien triste. Cette dissimulation m'est odieuse. Cet amour si mal payé, si déplorable, qui agonise entre moi et Alf., sans pouvoir recommencer ni finir, est un supplice. Il est là devant moi comme un mauvais présage pour l'avenir et semble me dire à tout instant : « Voilà ce que devient l'amour. » Mais non, mais non, je ne veux pas le croire, je veux espérer, croire en toi seul, t'aimer en dépit de tout et en dépit de moi-même. Je ne le voulais pas. Tu m'y as forcée. Dieu aussi l'a voulu. Que ma destinée s'accomplisse.

Toute la femme est dans cette lettre. Point mauvaise, capable de dévouement passionné, mais fière, mais orgueilleuse indomptablement. Elle refusait son pardon au cœur aimant et faible qui avait pu, un jour, s'ennuyer d'elle : elle s'en savait maintenant profondément chérie. Mais c'est surtout à elle-même qu'elle devait ne point pardonner. Sa fierté n'eut point consenti à rendre un entraînement des sens responsable de l'abandon qui torturait le malheureux poète. Et la fatalité de sa nature la poussait à se justifier, au nom de sa dignité même, d'une revanche qu'elle pensait légitime, que demain peut-être elle maudirait...

Comment Musset fut-il éclairé sur la situation? La nuit de l'hôtel Danieli l'obsédait sans doute. Mais on avait tout fait pour lui persuader qu'il s'était trompé. Ce qui reste mystérieux, dans les tristes conditions de l'âme amoureuse, chancelante et si faible du malheureux poète, c'est la psychothérapie que lui imposa sa maîtresse. L'examen n'en saurait être que défavorable à George Sand, si surtout l'on s'arrête aux témoignages de Paul de Musset (*Lui et Elle*). D'après ces témoignages, un jeune philosophe de lettres, M. Charles Maurras, abordait récemment la question dans un judicieux article : «... On s'employa à le calmer, puis à le faire taire, puis à endormir ses soupçons. Tout fut bon pour cela. Il sortait du délire. On l'en avertit. On lui dit : « Il faut « que vous ayez rêvé une fois de plus. » George, en outre, lui rappela les hallucinations qu'il avait eues dans son enfance et qui lui étaient même revenues devant elle... Un jour qu'il répétait ce qu'il appelait ses rêveries de folles, l'on s'emporta jusqu'à lui faire la menace décisive, celle qu'il avait crainte jusqu'à ce moment de sa vie et dont il se souvint jusqu'au dernier soupir : on le menaça de la maison de santé... La peur acheva donc de dompter les révoltes et les inquiétudes d'Alfred. Il admit dès lors ce qu'il plut à George de conter. Il alla plus loin. A la longue, le souvenir de ces soupçons, également injurieux pour l'amour et l'amitié, le pénétrèrent de scrupules... Et ceci est la thèse même de la *Confession d'un enfant du siècle*[1]... » — C'est, je crois, beaucoup noircir George Sand ; car elle était capable de l'aimer encore, et cette fois désespérément. Pourquoi ne pas s'en tenir à l'explication naturelle, la détresse des sens auprès d'un malade?... Mais que penser de la candeur du poète devant la subtile psychologie de son amie, — sa maîtresse vraiment, — quand nous aurons vu celle-ci lui écrire à Paris : « Oh! cette nuit d'enthousiasme où, *malgré nous*, tu joignis nos mains, en nous disant : « Vous « vous aimez et vous m'aimez pourtant. Vous « m'avez sauvé âme et corps! » — N'oublions pas qu'ils étaient à Venise, dans la Romantique éternelle, aimantés de fiévreuse folie par la ville d'amour.

---

1. Ch. Maurras, *Petits ménages romantiques*, dans la *Gazette de France* du 15 oct. 1896.

La plus grave accusation portée contre George Sand par Paul de Musset, celle d'avoir greffé la terreur sur la jalousie dans les tourments du poète convalescent, mérite de nous arrêter. L'auteur de *Lui et Elle* donne encore son récit pour conforme à une dictée de son frère. Elle a été conservée : on ne peut guère mettre en doute l'authentique valeur de ce document. J'en dois aussi la communication à Mme Lardin de Musset. On comparera ce second récit « dicté par Alfred de Musset, en décembre 1852 », avec le passage en question du roman :

Nous étions logés à Saint-Moïse, dans une petite rue qui aboutissait au traghetto du Grand-Canal. Je m'expliquai un soir avec George Sand. Elle nia effrontément ce que j'avais vu et entendu et me soutint que tout cela était une invention de la fièvre. Malgré l'assurance dont elle faisait parade, elle craignait qu'en présence de Pagello il lui devînt impossible de nier, et elle voulut le prévenir, probablement même lui dicter les réponses qu'il devrait me faire lorsque je l'interrogerais. Pendant la nuit, je vis de la lumière sous la porte qui séparait nos deux chambres. Je mis ma robe de chambre et j'entrai chez George. Un froissement m'apprit qu'elle cachait un papier dans son lit. D'ailleurs elle écrivait sur ses genoux et l'encrier était sur sa table de nuit. Je n'hésitai pas à lui dire que je savais qu'elle écrivait à Pagello et que je saurais bien déjouer ses manœuvres. Elle se mit dans une colère épouvantable et me déclara que si je continuais ainsi, je ne sortirais jamais de Venise. Je lui demandai comment elle m'en empêcherait. « En vous faisant enfermer dans une maison de fous », me répondit-elle. J'avoue que j'eus peur. Je rentrai dans ma chambre sans oser répliquer. J'entendis George Sand se lever, marcher, ouvrir la fenêtre et la refermer. Persuadé qu'elle avait déchiré sa lettre à Pagello et jeté les morceaux par la fenêtre, j'attendis le point du jour et je descendis en robe de chambre dans la ruelle. La porte de la maison était ouverte, ce qui m'étonna beaucoup. Je regardai dans la rue et j'aperçus une femme en jupon enveloppée d'un châle. Elle était courbée. Elle cherchait quelque chose à terre. Le vent était glacial. Je frappai sur l'épaule de la chercheuse, lui disant. comme dans le *Majorat :* « George, George, que viens-tu faire ici à cette heure? Tu ne retrouveras pas les morceaux de ta lettre. Le vent les a balayés; mais ta présence ici me prouve que tu avais écrit à Pagello. »

Elle me répondit que je ne coucherais pas ce soir dans mon lit; qu'elle me ferait arrêter tout à l'heure; et elle partit en courant. Je la suivis le plus vite que je pus. Arrivée au Grand-Canal, elle sauta dans une gondole, en criant au gondolier d'aller au Lido; mais je m'étais jeté dans la gondole, à côté d'elle, et nous partîmes ensemble. Elle n'ouvrit pas la bouche pendant le voyage. En débarquant au Lido, elle se remit à courir, sautant de tombe en tombe dans le cimetière des Juifs. Je la suivais et je sautais comme elle. Enfin elle s'assit épuisée sur une pierre sépulcrale. De rage et de dépit, elle se mit à pleurer : « A votre place, lui-dis-je, je renoncerais à une entreprise impossible. Vous ne réussirez pas à joindre Pagello sans moi et à me faire enfermer avec les fous. Avouez plutôt que vous êtes une c... — Eh bien! oui, répondit-elle. — Et une désolée c... », ajoutai-je. — Et je la ramenai vaincue à la maison.

Dans une longue note inédite ajoutée par elle-même à sa correspondance avec Musset, George Sand réfute, non sans indignation, ce qu'elle considère comme une calomnie. L'impartialité nous oblige à en donner un fragment, — non sans faire observer que si la dictée de Musset est postérieure de dix-huit ans aux faits qu'elle raconte, la rectification de George Sand est postérieure à la mort du poète[1].

La lettre à laquelle il fait allusion dans celle qui précède, et qui a donné lieu à de si belles histoires (forme) neuf petites lignes écrites au crayon sur le revers d'une *Canzonetta nuova, sopra l'Elisire d'Amore* que l'on chantait et criait à un sou dans les rues de Venise. Il l'avait achetée le matin, et elle se trouvait sur la table. Il était alors tourmenté de visions et de soupçons jaloux. *Elle* le veillait toujours, bien qu'il fût en convalescence ; mais il était souvent très agité. Le croyant endormi, et ne voulant pas l'éveiller en cherchant une plume et du papier, *elle* écrivit sur le *verso* de cette chanson :

« Egli e stato molto male, questa notte, poveretto !
« Credeva si vedere fantasmi intorno al suo letto e
« gridava sempre : « *Son matto. (Je deviens fou.)* » Temo
« molto per la sua ragione. Bisogna sapere dal gondo-
« liere se non ha bevuto vino di Cipro, nella gondola, ieri.
« Se forse ubbri... » Ici *elle* fut interrompue ; *il* avait fait un mouvement ; *elle* mit ce qu'elle écrivait dans sa poche ; *il* s'en aperçut et demanda à le voir ; *elle* s'y re-

---

1. M. Maurice Clouard (article cité : *Revue de Paris* du 1ᵉʳ août 1896) a donné une impression et des extraits de ce morceau.

fusa, promettant de le montrer plus tard. *Elle* ne pouvait le lui montrer que beaucoup plus tard.

Voici la traduction : « Il a été très mal cette nuit, le pauvre enfant ! Il croyait voir des fantômes autour de son lit, et criait toujours : « Je suis fou ! je deviens « fou ! » Je crains beaucoup pour sa raison. Il faut savoir du gondolier s'il n'a pas bu du vin de Chypre dans la gondole, hier. S'il n'était qu'ivre... » Probablement la phrase devait être terminée ainsi : « S'il n'était qu'ivre, ce ne serait pas si inquiétant [1]. »

Il éprouvait un insurmontable besoin de relever ses forces par des excitants, et deux ou trois fois, malgré toutes les précautions, il réussit à boire en s'échappant, sous prétexte de promenade en gondole. Chaque fois, il eut des crises épouvantables, et il ne fallait pas en parler au médecin devant lui, car il s'emportait sérieusement contre ces révélations. Comme lui-même craignait pour sa raison, il n'est pas étonnant non plus qu'*elle* ne voulût pas lui montrer cette phrase : « *Temo molto per la sua ragione* » et, comme pour lui ôter des soupçons qui, par moment, l'exaspéraient, *elle* n'osait plus parler de *lui*, à part, au médecin, c'est bien souvent sur des bouts de papier, glissés furtivement, qu'*elle* put lui rendre compte des crises dont il fallait qu'il fût informé.

Plus tard, *elle* consentit, à Paris, à *lui* remettre cette *fameuse lettre*. *Elle* eut tort ; *elle* le croyait très calme et très guéri dans ce moment-là ; il fut d'abord très reconnaissant et très consolé ; mais son imagination, que les boissons excitantes ramenèrent bientôt aux accès

---

1. Cette chanson ainsi annotée par G. Sand, n'a pas été retrouvée, que je sache, dans les papiers de Musset. Remarquons, en passant, que le poète. parle, dans sa *dictée*, d'une lettre écrite *à l'encre* et non au crayon...

de délire, travailla énormément cette phrase : « *Temo molto per la sua ragione.* » Il en parla peut-être à son frère : de là, l'épouvantable et infâme accusation de l'avoir menacé, à Venise, de la *Maison des fous*. Mais jamais une si méprisable idée ne lui est venue, à *lui !* Il était fantasque, injuste, fou réellement dans l'ivresse, mais jamais calomniateur de sang-froid...

Après lecture de ce morceau, est-il permis de trouver au moins singulier, chez George Sand, cet obsédant besoin de se justifier, quand on connaît sa lettre, — évidemment antérieure à la scène évoquée, — sa lettre au docteur Pagello? Pouvait-elle espérer qu'elle resterait à jamais inédite? — A moins d'admettre que cette nuit-là, précisément, elle n'écrivit à son amant nouveau — rien dont pût s'offenser son amant de la veille?... N'empêche qu'avec l'intimité que nous avons surprise entre elle et Pagello, l'obligation qu'elle s'imposera plus tard de démontrer son erreur à Musset dénote chez elle un instinct de dissimulation du plus obstiné féminisme.

Il n'en est pas moins vrai que le pauvre poète, s'il soupçonna seulement les liens qui unissaient maintenant son amie au docteur Pagello, n'ignora plus, après la scène du Lido, les sentiments qui avaient germé entre eux durant sa maladie. Pagello lui-même nous a appris, mais indirectement, par une confidence que nous transmet l'*Illustrazione italiana* de 1881, comment le poète fut instruit de sa disgrâce.

George Sand n'avait qu'une volonté. Nous l'avons vue écrire à Pagello qu'il fallait informer Musset par le plus court. Ainsi fut fait.

« — Croyez-vous, Docteur, commença-t-elle froidement, qu'Alfred soit capable de supporter une forte émotion ?

— Vous dites ? demanda Pagello.

— Eh bien ! je parlerai franchement. Cher Alfred, je ne suis plus votre maîtresse ; je serai seulement votre amie. J'aime le docteur Pagello[1]... »

Paul de Musset donne une version équivalente. A l'en croire, Alfred, trop spirituel pour se fâcher et voyant la confusion de Pagello, aurait pardonné généreusement au jeune visiteur d'avoir su gagner l'affection de sa compagne[2]... Il omet d'ajouter que le malheureux poète, plus épris que jamais de celle qu'il

---

1. Cette scène est rapportée par l'auteur anonyme de l'article de l'*Illustrazione*, d'après le témoignage du Vénitien Jacopo Cabianca qui en tenait le récit de Pagello. Celui-ci, d'ailleurs, en a confirmé depuis, et maintes fois, l'exactitude.

2. *Lui et Elle*, pp. 142-148.

venait de perdre, pleurait en silence des larmes de sang.

« J'aime le docteur Pagello. » Que cette parole ait été ou non dite, Musset, du moins, put conserver des doutes sur la nature des relations de George Sand avec leur nouvel ami. Ses lettres témoignent d'un souci constant de sa dignité à cet égard, d'un besoin de croire à la délicatesse de celle qui l'avait aimé. Elle prit soin d'ailleurs de l'entretenir dans cette illusion. Huit mois plus tard, rentrée elle-même à Paris, elle n'hésitait pas à le rassurer en ces termes :

Je n'ai à te répondre que ceci : Ce n'est pas du premier jour que j'ai aimé Pierre, et même après ton départ, après t'avoir dit que je l'aimais *peut-être*, que *c'était mon secret* et que *n'étant plus à toi je pouvais être à lui sans te rendre compte de rien*, il s'est trouvé dans sa vie, à lui, dans ses liens mal rompus avec ses anciennes maîtresses, des situations ridicules et désagréables qui m'ont fait hésiter à me regarder comme engagée par des précédents *quelconques*. Donc, il y a eu de ma part une sincérité dont j'appelle à toi-même et dont tes lettres font foi pour ma conscience. Je ne t'ai pas permis à Venise de me demander le moindre détail, si nous nous étions embrassés tel jour sur l'œil ou sur le front, et je te défends d'entrer dans une phase de ma vie où j'avais le droit de reprendre les voiles de la pudeur vis-à-vis de toi. (*Lettre d'octobre 1834.*)

George Sand lui refusait donc « le droit de l'interroger sur Venise ». Bien plus, dans les trois derniers chapitres de la *Confession d'un enfant du siècle*, où il expose, n'accusant toujours que lui-même, cette période navrée et résignée de son histoire, il semble appuyer sur cette conviction de sa détresse, qu'il ne s'agissait encore que d'un amour moral entre Smith et Brigitte Pierson.

Un jour cependant, un soir d'automne de la même année, George Sand écoutant le passé, reconnut sa part de faiblesse dans les misères de cet amour. Après un dernier adieu de celui qu'elle avait tant fait souffrir, elle s'était sentie l'adorer. Lélia pouvait-elle aimer autrement qu'avec désespoir?... — Adieu pour jamais! lui avait dit le poète, et, rentrée chez elle, seule avec sa douleur, elle essayait de la soulager dans une sorte de journal intime. Cette confession de huit jours, plus belle peut-être que tout ce qu'a écrit George Sand, est restée inédite. La jeune femme y apparaît à son tour très sincère — et bien misérable. Ce court fragment peut en donner l'idée :

Mon Dieu, rendez-moi ma féroce vigueur de Venise; rendez-moi cet âpre amour de la vie, qui m'a pris comme un accès de rage, au milieu du plus affreux désespoir; faites que je m'écrie encore : « Ah! l'on s'amuse à me tuer! L'on y prend plaisir; on boit mes larmes en riant! Eh bien, moi, je ne veux pas mourir;

je veux aimer, je veux rajeunir, je veux vivre ! » Mais comme cela est tombé ! Dieu, tu le sais, comme tu m'as abandonnée après! C'était donc un crime? L'amour de la vie est donc un crime? L'homme qui vient dire à une femme : « Vous êtes abandonnée, méprisée, chassée, foulée aux pieds. Vous l'avez peut-être mérité. Eh bien, moi je n'en sais rien ; je ne vous connais pas; mais je vois votre douleur, et je vous plains, et je vous aime. Je me dévoue à vous seule pour toute ma vie. Consolez-vous, vivez. Je veux vous sauver, je vous aiderai à remplir vos devoirs auprès d'un convalescent ; vous le suivrez au bout du monde ; mais vous ne l'aimerez plus, et vous reviendrez. Je crois en vous. » Un homme qui me disait cela pouvait-il me sembler coupable à ce moment-là ? Et si, après avoir conçu l'espérance de persuader cette femme, emporté, lui, par l'impatience de ses sens ou bien par le désir de s'assurer de sa foi, avant qu'il fût trop tard, il l'obsède de caresses, de larmes, il cherche à surprendre ses sens par un mélange d'audace et d'humilité. Ah! les autres hommes ne savent pas ce que c'est que d'être adorée et persécutée et implorée des heures entières; il y en a qui ne l'ont jamais fait, qui n'ont jamais tourmenté obstinément une femme; plus délicats et plus fiers, ils ont voulu qu'elle se donnât, ils l'ont persuadée, obtenue et attendue. Moi, je n'avais jamais rencontré que de ces hommes-là. Cet Italien, vous savez, mon Dieu, si son premier mot ne m'a pas arraché un cri d'horreur! Et pourquoi ai-je cédé ? Pourquoi ? Pourquoi ? Le sais-je ? Je sais que vous m'avez brisée ensuite, et que, si s'est un crime involontaire, vous ne m'en avez pas moins punie, comme les juges humains punissent l'assassinat prémédité.

Dans cette crise de quelques jours, qui pesa comme une éternité sur son cœur, une visite inattendue vint tempérer les amertumes de Musset. Il avait un grand ami, Alfred Tattet, le meilleur de ses amis après son frère Paul qui fut le confident de toute sa vie. Fils d'un agent de change parisien, intelligent, mondain, artiste, élégant, désœuvré, Tattet menait largement l'existence du dandy cultivé, où, plus fortuné, Musset l'eût suivi sans doute, au détriment de son génie. Les deux amis n'en partageaient pas moins les mêmes plaisirs. Et Musset faisait chaque automne de longs séjours chez les parents de Tattet, à Bury, dans la vallée de Montmorency.

L'affection qu'il garda toujours à cet intime compagnon de sa jeunesse est immortalisée par les stances bien connues des *Premières poésies* :

Dans mes jours de malheur, Alfred, seul entre mille,
Tu m'es resté fidèle où tant d'autres m'ont fui.
Le bonheur m'a prêté plus d'un lien fragile,
Mais c'est l'adversité qui m'a fait un ami…

Le poète étant à Venise, Tattet, qui voyageait en Italie avec Virginie Déjazet, fit un détour pour l'aller voir. Il le trouva presque rétabli, comme en témoignent un billet de George Sand, acceptant d'aller au théâtre avec lui, et une lettre qu'il adressait lui-même à Sainte-Beuve, après avoir quitté son ami. — Elle nous renseigne sur l'affectueuse sollicitude de Sainte-Beuve et l'état précaire des pauvres amants de Venise. Voici la partie de cette lettre qui nous intéresse :

> Je ne sais quel bon génie m'a conduit à Venise et m'a fait exécuter par moi-même et d'inspiration ce que votre lettre me recommandait avec tant d'instances. J'ai tâché, pendant mon séjour à Venise, de procurer quelques distractions à Mme Dudevant, qui n'en pouvait plus ; la maladie d'Alfred l'avait beaucoup fatiguée. Je ne les ai quittés que lorsqu'il m'a été bien prouvé que l'un était tout à fait hors de danger, et que l'autre était entièrement remise de ses longues veilles.
>
> Soyez donc maintenant sans inquiétude, mon cher M. de Sainte-Beuve ; Alfred est dans les mains d'un jeune homme tout dévoué, très capable, et qui le soigne comme un frère. Il a remplacé auprès de lui un âne qui le tuait tout bonnement. Dès qu'il pourra se mettre en route, Mme Dudevant et lui partiront pour Rome, dont Alfred a un désir effréné. Vous les verrez avant moi qui vais continuer mon voyage ; dites-leur donc de ma part à tous deux ce que votre éloquente amitié trouvera pour leur exprimer la mienne, qui n'est que bien tendre et bien dévouée [1].

George Sand avait ouvert son cœur à ce cher camarade de Musset. Pagello lui-même s'était fait de lui un ami sincère. Tout a été conservé de leurs correspondances. Dans l'opinion qu'il devait emporter, — à part soi, — de cette aventure, l'aimable et faible Alfred Tattet

1. *Revue de Paris*, 1er août 1896.

semble avoir d'abord subi l'influence de George Sand. Nous le verrons plus tard essayant de détourner Musset de celle qui rendait sa vie si malheureuse. — Dans les confidences qu'elle lui avait faites à Venise, celle-ci lui avait-elle tout avoué? Le lecteur jugera, d'après ce fragment d'une de ses lettres à Tattet, ce qu'il lui convient de conclure :

…Si quelqu'un vous demande ce que vous pensez de la féroce Lelia, répondez seulement qu'elle ne vit pas de l'eau des mers et du sang des hommes, en quoi elle est très inférieure à Han d'Islande; dites qu'elle vit de poulet bouilli, qu'elle porte des pantoufles le matin et qu'elle fume des cigarettes de Maryland. Souvenez-vous tout seul de l'avoir vue souffrir et de l'avoir entendue se plaindre, comme une personne naturelle. — Vous m'avez dit que cet instant de confiance et de sincérité était l'effet du hasard et du désœuvrement. Je n'en sais rien ; mais je sais que je n'ai pas eu l'idée de m'en repentir et qu'après avoir parlé avec franchise pour répondre à vos questions, j'ai été touchée de l'intérêt avec lequel vous m'avez écoutée. Il y a certainement un point par lequel nous nous comprenons : c'est l'affection et le dévouement que nous avons pour la même personne. Qu'elle soit heureuse, c'est tout ce que je désire désormais. Vous êtes sûr de pouvoir contribuer à son bonheur, et moi, j'en doute pour ma part. C'est en quoi nous différons et c'est en quoi je vous envie. Mais je sais que les hommes de cette trempe ont un avenir et une providence. Il retrouvera en lui-même plus qu'il ne perdra en moi; il trouvera la fortune et la gloire, moi je chercherai Dieu et la solitude.

En attendant, nous partons pour Paris dans huit ou dix jours, et nous n'aurons pas, par conséquent, le plaisir de vous avoir pour compagnon de voyage. Alfred s'en afflige beaucoup, et moi je le regrette réellement. Nous aurions été tranquilles et *allegri* avec vous, au lieu que nous allons être inquiets et tristes. Nous ne savons pas encore à quoi nous forcera l'état de sa santé physique et moral. Il croit désirer beaucoup que nous ne nous séparions pas et il me témoigne beaucoup d'affection. Mais il y a bien des jours où il a aussi peu de foi en son désir que moi en ma puissance, et alors, je suis près de lui entre deux écueils : celui d'être trop aimée et de lui être dangereuse sous un rapport, et celui de ne l'être pas assez sous un autre rapport, pour suffire à son bonheur. La raison et le courage me disent donc qu'il faut que je m'en aille à Constantinople, à Calcutta ou à tous les diables. Si quelque jour il vous parle de moi et qu'il m'accuse d'avoir eu trop de force et d'orgueil, dites-lui que le hasard vous a amené auprès de son lit dans un temps où il avait la tête encore faible, et qu'alors n'étant séparé des secrets de notre cœur que par un paravent, vous avez entendu et compris bien des souffrances auxquelles vous avez compati. Dites-lui que vous avez vu la vieille femme répandre sur ses tisons deux ou trois larmes silencieuses, que son orgueil n'a pas pu cacher. Dites-lui qu'au milieu des rires que votre compassion ou votre bienveillance cherchait à exciter en elle, un cri de douleur s'est échappé une ou deux fois du fond de son âme pour appeler la mort[1].

Quand George Sand adressait à Alfred Tattet ce beau discours résigné, elle s'était donnée à Pagello... Avec la santé lentement revenue,

---

1. *Revue de Paris* du 1er août 1896.

Musset avait trouvé la solitude. Et sans oser encore se convaincre de l'abandon de son amie, il pleurait ce qu'on lui démontrait avoir été sa faute impardonnable :

Il faudra bien t'y faire, à cette solitude,
Pauvre cœur insensé, tout prêt à se rouvrir,
Qui sais si mal aimer et sais si bien souffrir.
Il faudra bien t'y faire, et sois sûr que l'étude,

La veille et le travail, ne pourront te guérir.
Tu vas, pendant longtemps, faire un métier bien rude,
Toi, pauvre enfant gâté, qui n'as pas l'habitude
D'attendre vainement et sans rien voir venir.

Et pourtant, ô mon cœur, quand tu l'auras perdue,
Si tu vas quelque part attendre sa venue,
Sur la plage déserte en vain tu l'attendras,

Car c'est toi qu'elle fuit de contrée en contrée,
Cherchant sur cette terre une tombe ignorée
Dans quelque triste lieu qu'on ne te dira pas[1]...

Voici qu'approchait l'heure de son retour en France. Après les orages probables qui l'assombrirent pour toujours, le pauvre enfant faisait un cruel retour au passé et sa faiblesse s'exhalait dans cette plainte douloureuse[2] :

Toi qui me l'as appris, tu ne t'en souviens plus,
De tout ce que mon cœur renfermait de tendresse,
Quand dans la nuit profonde, ô ma belle maîtresse,
Je venais en pleurant tomber dans tes bras nus!

1, 2. Vers publiés par la *Revue de Paris* du 1er nov. 1896.

La mémoire en est morte, un jour te l'a ravie,
Et cet amour si doux qui faisait sur la vie
Glisser dans un baiser nos deux cœurs confondus,
Toi qui me l'as appris, tu ne t'en souviens plus !

On ne sait presque rien des derniers jours de Musset à Venise. Le 22 mars, George Sand devait partir avec lui, — sa lettre à Alfred Tattet en fait foi ; — le 28 il part seul. « Les troisième, quatrième et cinquième chapitres de la *Confession d'un enfant du siècle* donnent une idée de ce qui a dû se passer durant ces quelques jours, a dit M. Maurice Clouard. Musset, apparemment, crut faire acte de grandeur d'âme et de générosité en partant seul, laissant George Sand, en compagnie de Pagello[1]. » J'estime, au contraire, que cette dernière semaine fut lamentable pour Musset. La jalousie torturait le malheureux, depuis sa vision de l'hôtel Danieli. Il n'avait pu prendre son parti de l'accord qu'avait ratifié sa faiblesse, autant qu'y avait consenti sa générosité. A en croire George Sand elle aima d'abord Pagello comme un père. A eux deux, ils avaient « adopté » Musset. Et lui-même, l'inconstant poète, aux premiers jours de lassitude de son

---

1. M. Clouard, article cité de la *Revue de Paris*, p. 755.

amour, *avant cette maladie* où elle le soigna si maternellement, n'avait-il pas *engagé* Pagello *à consoler* cette compagne dont il se sentait excédé... C'est la thèse d'*Elle et Lui*. Nous savons ce qu'il en faut penser. Mais on dut s'acharner à le persuader, pendant ces dernières semaines, qu'il avait, lui seul, préparé et voulu l'étrange situation où ils se débattaient tous les trois. Son bon sens lui montrait la chimère de cette poursuite du repos hors de la voie commune. Qu'il y eût ou non de sa faute dans la rupture, il aimait maintenant et n'était plus aimé. Un jour vint où, n'y tenant plus, il quitta ces amis qui devenaient amants de façon trop claire et trop prompte pour sa tranquillité...

Une courte lettre de Musset, datée de Venise, nous fait entrevoir les orages qui ont précédé son départ. Elle nous apprend qu'il s'était déjà séparé de George Sand. Encore convalescent, il était sur le point de rentrer à Paris, accompagné seulement d'un domestique, le perruquier *Antonio*. Avant de quitter Venise, et la mort dans l'âme, il envoyait ce suprême adieu à sa bien-aimée :

Adieu, mon enfant... Quelle que soit ta haine ou ton indifférence pour moi, si le baiser d'adieu que je t'ai donné aujourd'hui est le dernier de ma vie, il faut que tu saches qu'au premier pas que j'ai fait dehors, avec la pensée que je t'avais perdue pour toujours, j'ai senti que j'avais mérité de te perdre, et que rien n'est trop dur pour moi. S'il t'importe peu de savoir si ton souvenir me reste ou non, il m'importe à moi, aujourd'hui que ton spectre s'efface déjà et s'éloigne devant moi, de te dire que rien d'impur ne restera dans le sillon de ma vie où tu as passé, et que celui qui n'a pas su t'honorer quand il te possédait peut encore y voir clair à travers ses larmes, et t'honorer dans son cœur, où ton image ne mourra jamais. Adieu, mon enfant.

Un gondolier avait porté cette lettre à George Sand; Musset attendait devant la Piazzetta; elle lui répondit par ce billet au crayon, sur le verso :

Al signor A. de Musset
in gondola, alla Piazzetta

Non, ne pars pas comme ça ! Tu n'es pas assez guéri, et Buloz ne m'a pas encore envoyé l'argent qu'il faudrait pour le voyage d'Antonio[1]. Je ne veux pas que tu partes seul. Pourquoi se quereller, mon Dieu ? Ne suis-je pas toujours le frère George, l'ami d'autrefois[2] ?

---

1. Réglons une fois pour toutes cette question des avances d'argent, à propos de laquelle on a essayé de blâmer Musset, en citant ces deux fragments de leurs lettres. — D'Elle à Lui (du 29 avril 1834) : « Je ne veux pas que tu songes à m'envoyer du tien, et ce que tu me dis à cet égard me fait beaucoup de peine. Ne te souviens-tu pas que j'ai ta parole d'honneur de ne pas songer à ce remboursement avant trois ans ? » — De Lui à Elle (de l'hiver suivant) : « Mon ange adoré, je te renvoie ton argent. Buloz m'en a envoyé... »

2. Lettres de George Sand à Alfred de Musset (publiées

Musset partit le 29 mars, accompagné quelques heures par son amie. Avant de quitter Venise, il avait reçu d'elle un carnet de voyage qui s'ouvrait sur cette dédicace : *A son bon camarade, frère et ami, sa maîtresse,* George. — Que n'invoquait-elle aussi sa maternité, la meilleure corde de sa lyre!...

par M. Émile Aucante). *Revue de Paris* du 1ᵉʳ novembre 1896, pp. 1-48.

V

Musset a quitté Venise, à peine rétabli et le cœur bien malade. George Sand l'a confié à un domestique italien, Antonio, perruquier de son état, qui le suivra jusqu'à Paris. Elle-même l'accompagne quelques heures, jusqu'à Mestre. Quand ils se sont séparés, elle fait une petite excursion dans les Alpes en suivant la Brenta. « J'ai fait à pied jusqu'à huit lieues par jour, écrit-elle à Jules Boucoiran [1], le précepteur de son fils, et j'ai reconnu que ce genre de fatigue m'était fort bon physiquement et moralement. » Dans la même lettre, elle reconnaît aussi que Musset « était encore bien délicat pour entreprendre ce voyage. Je ne suis pas sans inquiétude sur la manière dont il le sup-

---

1. Lettre du 6 avril 1834. *Correspondance*, t. I, p. 265. — Pourquoi lui écrit-elle qu'elle a quitté Musset à « Vicence »?

portera ; mais il lui était plus nuisible de rester que de partir, et chaque jour consacré à attendre le retour de la santé, la retardait au lieu de l'accélérer. Il est parti enfin, sous la conduite d'un domestique très soigneux et très dévoué. Le médecin m'a répondu de la poitrine, en tant qu'il la ménagerait; mais je ne suis pas bien tranquille. » Et elle rentre à Venise, « ayant sept centimes dans sa poche », pour installer sa vie nouvelle avec le docteur Pagello.

C'est du ton le plus dégagé qu'elle explique à ses correspondants son intention d'établir son « quartier général » à Venise, où elle peut travailler en paix et vivre économiquement. Elle compte rayonner dans la région des Alpes, en dépensant cinq francs par jour, pousser peut-être jusqu'à Constantinople (ce rêve de Constantinople reviendra longtemps dans ses lettres, comme un projet en l'air, de l'étudiante qui veillait en elle), aller ensuite passer les vacances à Nohant et retourner à ses lagunes. De sa liaison nouvelle, pas un mot à ses plus intimes amis ; mais tout Paris en était bientôt informé.

Le plus tranquillement du monde et avec cette imperturbable sincérité qu'elle mettait à concilier son labeur et ses passions, elle associait sa vie à celle de Pagello. On est d'abord surpris de cette indépendance, si l'on songe qu'elle avait en France deux enfants qu'elle adorait et un mari qui s'accommodait encore de ces libertés d'existence. Mais à se rappeler ses débuts dans la vie littéraire, on s'en étonne moins.

Après deux ans et demi d'une organisation boiteuse, entre Nohant où elle se cloîtrait trois mois sur six et Paris où elle vivait selon sa fantaisie, la voici installée à Venise. Quand elle en partira, en juillet 1834, il y aura huit mois qu'elle n'aura revu ses enfants. L'un et l'autre sont en pension à Paris.

— La rumeur de ses amours en Italie devait hâter la rupture avec M. Dudevant, qui eut lieu en 1836. Elle s'en étonnera pourtant, dans cette sereine inconscience de ses torts qui lui faisait écrire quinze ans plus tard : « Je ne prévoyais pas que mes tranquilles relations avec mon mari dussent aboutir à des orages. Il y en avait eu rarement entre nous. Il n'y en avait plus depuis que nous nous étions faits indépendants l'un de l'autre. Tout le temps que j'avais passé à Venise, M. Dudevant m'avait écrit sur un ton de bonne amitié et de satisfaction parfaite, me donnant des nouvelles des enfants et m'engageant même à voyager pour mon instruction et pour ma santé. Ses lettres furent produites et lues dans la suite par l'avocat général, l'avocat de mon mari se plaignant « des douleurs que son client avait « dévorées dans la solitude [1]. »

M. Dudevant laissa prononcer la séparation contre lui. Autant sa femme avait recherché l'éclat et le succès, autant il demandait le silence. Il finit taciturne et oublié, alors que le nom de George Sand devenait pour toute l'Europe synonyme de singularité et de génie.

— En 1834, George Sand installée à Venise, n'ayant publié que ses premiers romans, demi-chefs-d'œuvre, ignore encore la gloire ; mais, menant de front indomptablement son labeur et ses passions, déjà elle semble assurée de l'acquérir.

Voici sur cette époque de sa vie, — cinq mois dont on ne savait à peu près rien, — la suite du journal intime de Pagello :

Alfred de Musset guéri, partait en prenant sèchement congé de moi. George Sand abandonnait l'hôtel Royal [2]

---

[1]. *Histoire de ma vie*, 5ᵉ partie, chap. III.
[2]. Ceci est une erreur de Pagello. Sitôt après le rétablissement de Musset, George Sand et lui s'installèrent à San

et venait habiter un petit appartement à San Fantin. Venise n'est pas Paris, et comme j'étais connu de beaucoup, l'aventure fit du bruit.

Quatre jours après, mon père m'écrivit de Castel-Franco une longue lettre où il m'adressait les observations les plus raisonnables sur le mauvais pas que j'avais fait, et où il ordonnait à mon frère Robert, qui habitait avec moi, de s'éloigner de mon logis et de ma société tant que durerait cette liaison. Je prévoyais cette première amertume et je la supportai, sinon en paix, du moins avec assez d'aplomb. Plusieurs de mes clients et de mes amis, parmi lesquels beaucoup de personnes distinguées, souriaient en me rencontrant dans les rues; d'autres pinçaient les lèvres en me regardant, et évitaient de me saluer quand je paraissais sur la place avec la Sand à mon bras. Quelques femmes me complimentaient malicieusement. George Sand, avec cette perception qui lui était propre, voyait et comprenait tout, et lorsque quelque léger nuage passait sur mon front, elle savait le dissiper à l'instant avec son esprit et ses grâces enchanteresses. Nous vécûmes ainsi de février[1] à août. Je vaquais le matin aux soins de ma profession; elle écrivait son roman de *Jacques*, dont elle me fit le protagoniste, exagérant mon caractère moral.

J'écrivais aussi; nous avons du moins travaillé ensemble aux *Lettres d'un voyageur*, où nous dépeignîmes en quelques croquis, et plutôt à sa façon qu'à la mienne, les coutumes de Venise et des environs. Quand elle n'écrivait pas, elle s'occupait volontiers des travaux

Mosé, dans le petit appartement où eut lieu la scène de la lettre. (Voir plus haut, p. 115.)

[1]. Autre erreur de Pagello. Musset ne quitta Venise que le 29 mars. Si G. Sand s'installa chez le docteur avant son départ, comme c'est probable, ce ne fut que dans le courant de mars.

féminins pour lesquels elle avait une adresse et un goût particuliers, jusqu'à vouloir meubler toute une chambre de sa main, rideaux, chaises, sofa, etc. Je ne sais ce qu'elle n'eût pas fait avec ses mains. Sobre, économe, laborieuse pour elle-même, elle était prodigue pour les autres. Elle ne rencontrait pas un pauvre à qui elle ne fît l'aumône. Je crois que ses plus gros gains seront prodigués en grande partie à autrui, peut-être sans discernement, peut-être à des escrocs et à des vicieux, parce que sa générosité manque de mesure jusqu'à l'avoir fait tomber souvent dans le besoin, avec des bénéfices de dix mille francs par an. Elle s'en confessa elle-même à moi, et je le vis bien, et je le sus encore à Paris, de quelques-uns de ses plus honnêtes amis. Maintenant, je reviens à mon histoire.

Donc, au mois d'août, elle m'apprit qu'il lui était absolument nécessaire d'aller pour quelque temps à Paris. Les vacances approchaient. Ses deux enfants sortaient du collège et ils avaient coutume de se rendre avec elle à la Châtre où elle passait l'automne avec son mari. En même temps, elle me témoignait un grand désir que je l'accompagnasse pour revenir ensuite à Venise ensemble. Je restai troublé et je lui dis que j'y penserais jusqu'au lendemain. Je compris du coup que j'irais en France et que j'en reviendrais sans elle; mais je l'aimais au delà de tout, et j'aurais affronté mille désagréments plutôt que de la laisser courir seule un aussi long voyage.

J'arrangeai pour le mieux mes affaires afin de recueillir un peu d'argent. Le jour suivant, je lui dis que je l'accompagnerais, mais que j'exigeais d'habiter seul à Paris et de n'être pas contraint de me rendre à la Châtre, voulant au contraire profiter de mon séjour dans cette grande capitale pour fréquenter les hôpitaux et en faire bénéficier ma profession. A l'accent un peu triste, mais décidé, avec lequel je prononçai ces paroles, elle me répondit : « Mon ami, tu feras ce qui te plaira le mieux. » Je l'avais comprise et elle m'avait compris. A partir de ce moment-là, nos relations se changèrent en amitié, au moins pour elle. Moi, je voulais bien n'être qu'un ami ; mais je me sentais néanmoins amoureux...

Les impressions idéales de son séjour à Venise avec Pagello, George Sand les a immortalisées dans ses trois premières *Lettres d'un voyageur*. Elles sont dédiées à Alfred de Musset, « A un poète », et toutes mélancoliques de son souvenir. Dans la seconde, qui parut à la *Revue des Deux Mondes* du 15 juillet 1834, elle se met en scène (*Beppa*) avec tous ses attraits d'énigme vivante, ainsi que Pagello (sous le double masque de *Pietro* et du *Docteur*) et plusieurs de leurs familiers.

C'est un merveilleux tableau du charme de Venise. D'après un dire de l'éminent romancier vicentin Fogazzaro à M. Gaston Deschamps, on aurait là le plus fidèle portrait de la Reine des lagunes.

Pagello, lui-même, était gagné à cette exaltation. Il célébrait son amie dans une charmante *Serenata* en dialecte vénitien. Elle a été publiée en partie par George Sand, mais anonyme, dans la seconde des *Lettres d'un voyageur*.

Une anthologie vénitienne de M. Raphaël Barbiera a révélé le véritable auteur, en donnant de nouvelles preuves de son talent de poète. — Traduisons quatre strophes de la *Serenata* :

« Ne sois plus tourmentée de pensers mélancoliques. Viens avec moi, montons en gondole, nous gagnerons la pleine mer.

...Oh! quelle vision! quel spectacle présente la lagune, lorsque tout est silence et que la lune brille au ciel!

...Abaisse ce voile, cache-toi; elle commence à paraître... si elle t'apercevait, elle pourrait devenir jalouse.

...Tu es belle, tu es jeune, tu es fraîche comme une fleur! Voici venir le temps des larmes; ris aujourd'hui et fais l'amour. »

Il faut lire la description féerique et si juste de ces adorables nuits de Venise, dans la *Lettre* de G. Sand, tout imprégnée de cette poésie.

Ses préoccupations ordinaires étaient plus prosaïques. Sa correspondance retentit d'une incessante réclamation d'argent à ses éditeurs. A l'en croire, elle aurait été réduite aux derniers expédients, « à coucher sur un matelas par terre, faute de lit ». Les souvenirs de Pagello, que m'a transmis une lettre de sa fille, Mme Antonini, protestent contre cette excessive misère. Le ménage n'était pas riche, sans doute ; mais on y vivait allègre, en travaillant. George nous apprend, dans une de ses lettres à Musset, que Pagello, très occupé par ses malades, « est dehors toute la journée, puis s'endort méthodiquement sur le sofa après le dîner, avec sa *pipetta* dans l'œil comme la flûte de Deburau ».

De son côté Pietro a conté que G. Sand écrivait de six à huit heures de suite, de préférence la nuit, buvant beaucoup de thé pour s'exciter au travail.

Le jeune médecin habitait une petite maison « modeste, mais jolie », la *Casa Mezzani*, en face le *Ponte dei Pignoli*. Avec lui vivait son frère, Roberto Pagello, employé à la Marine, garçon instruit et de belle humeur, et avec eux, paraît-il, logée à côté de Lélia, une énigmatique personne, Giulia P..., dont l'existence vient de nous être révélée. Tout ce que nous en savons est dans une lettre de George Sand à Musset :

Ah ! qu'est-ce que Giulia P...? Certainement, M. Dumas dirait de belles choses là-dessus. On dit dans la maison Mezzani que c'est la maîtresse des deux Pagello et qu'elle et moi sommes les deux amantes du docteur. C'est aussi vrai l'un que l'autre. Giulia est une sœur clandestine, une fille non avouée de leur père. Elle a quelque fortune, et comme elle a 28 ou 30 ans, elle est indépendante. Elle a une affaire de cœur à Venise et vient s'y établir dans quelques jours. Elle avait lu mes romans et professait pour moi un enthousiasme de fille romanesque. Nous avons fait connaissance et elle me plaît extrêmement. Nous avons donc fait ce plan de pot-au-feu qui me sera, je crois, agréable... Giulia est une créature sentimentale dont la figure ressemble effrontément à celle du père Pagello. C'est une pincée, demi-Anglaise, demi-Italienne, avec de grands cheveux noirs, de grands yeux bleus, toujours levés au ciel, maniérée avec grâce et gentillesse, pleureuse, exaltée, un peu folle, bonne comme Pagello. Elle chante divinement et je l'accompagne au piano. Le reste du temps elle fera l'amour ou lira des romans[1].

On se demande ce que devait penser Musset à recevoir ces descriptions de la Casa Mezzani... Qu'ils y sont donc tous bons, voire excellents !

Mais nous n'avons pas tout dit. Pagello lui-même, le pacifique Pagello, se débattait entre ses amantes et ses amies, à en croire G. Sand : « C'est un don Juan sentimental qui s'est tout à coup trouvé quatre femmes sur les bras. » Et elle conte à Musset les scènes de jalousie d'une maîtresse délaissée, l'*Arpalice*, qui a fait chez Pagello une irruption inattendue « lui arrachant la moitié de ses cheveux, déchirant

---

1. *Revue de Paris*, loc. cit., p. 14.

son *bel vestito* » et finalement lui faisant craindre, à elle, une *coltellata* dont s'épouvante la douce Giulia[1].

Elle s'était donc installée dans ce curieux intérieur, heureuse et calme avec Pagello, courtoise et bonne camarade pour son frère. Celui-ci plaisantait le docteur sur la maigreur et la pâleur de la jeune femme. Un piquant souvenir du professeur Provenzal (cité par Mme Codemo)[2] nous révèle les préférences de Robert Pagello pour la jeune servante de George Sand, la Catina, belle fille dont les joues fraîches contrastaient avec le teint olivâtre de Lélia. Il ne comprenait pas les enthousiasmes de son frère pour « cette maigreur de sardine » (*quella sardella*) et disait en son vénitien : « *No so cossa de belo che el ghe trova mio fradelo; la mia Catina me piáce megio.* »

George Sand, très simplement, aidait la servante dans le ménage, et parfois se mêlait de cuisiner à sa façon. Ce qui donnait lieu à des repas d'anachorètes. Et Robert se plaignait gaiement de ce régime un peu bien romantique, et il disait préférer aux petits plats de George

---

1. *Revue de Paris*, loc. cit., p. 14, 15 et 21.
2. *Racconti, scene*, etc., p. 177.

ses romans. Pour se reposer de la littérature, celle-ci, Pagello nous l'a conté, travaillait à l'aiguille ou dessinait. Le docteur conserve à Bellune un joli dessin à la plume exécuté et encadré par elle-même. Elle y avait inscrit les deux noms de ses enfants : *Maurice, Solange...* Mme Antonini, dans l'intéressante lettre où elle me résume des souvenirs qu'elle a cent fois entendu répéter à son père, s'efforce de rectifier « les exagérations et bévues » de tous ceux qui ont écrit sur la vie de George Sand à Venise. Elle me pardonnera de traduire ce fragment : « George Sand allait quelquefois, accompagnée de mon père, à l'église. Prosternée devant Celui qui accueille et pardonne tout, elle se couvrait la face de ses mains et pleurait. Mon père dit qu'elle avait toute l'étoffe nécessaire pour être le modèle des épouses et des mères. Affectueuse, charitable, industrieuse, toutes les heures qu'elle ne passait pas à écrire ou à visiter les monuments de Venise, elle travaillait à l'aiguille ou au tricot. Elle orna ainsi de ses mains toute une chambre à mon père. Mon oncle me rapportait qu'elle était toujours occupée ; qu'un jour même elle lui fit présent de quatre paires de chaussettes, et lui dit en riant : « Voyez, Robert, je les ai mieux réussies que mes artichauts ! »

Cette vie tranquille et modeste prit fin avec le départ de la malheureuse femme, rappelée par les vacances à Nohant. Elle emmenait le docteur Pagello.

VI

Et Musset, le pauvre Musset? Revenons à lui. C'est lui le vrai poète et l'amoureux sincère. Le spectacle de sa détresse nous détendra du petit train bourgeois de la romancière et du médecin.

Il est rentré à Paris le corps et l'âme à peine convalescents. George Sand a fait en lui un anéantissement dont il ne se remettra jamais.

Tous ses amis nous l'ont montré retrouvant plus tard des accents passionnés et navrants pour dépeindre le ravage de cet amour. Il en portera l'empoisonnement toute sa vie... Chenavard m'a conté maintes fois comment, au lit de mort, le malheureux poète gardait la hantise de « cette femme » et de ses grands yeux noirs qu'il avait tant aimés :

> Ote-moi, mémoire importune,
> Ote-moi ces yeux que je vois toujours !

— George Sand a quitté Musset, à Mestre, le 29 mars, le soir même de son départ[1]. Ils se sont promis de s'écrire. L'adieu du poète n'a pas été sans un déchirement profond. Elle aussi, en le quittant, entendait bien ne pas le perdre. Il lui écrit le premier, de Padoue, le 2 avril 1834 :

> Tu m'as dit de partir et je suis parti; tu m'as dit de vivre et je vis. Nous nous sommes arrêtés à Padoue; il était 8 heures du soir et j'étais fatigué. Ne doute pas de mon courage. Écris-moi un mot à Milan, frère chéri, George bien-aimé.

Sans avoir reçu ce billet, George Sand avait écrit à Musset le 30 mars. Elle est aussitôt rentrée à Venise, lui dit-elle, et a couché chez les Rebizzo. Elle devait repartir le jour même pour Vicence, accompagner Pagello dans une visite médicale. « Elle n'en a pas eu la force, ne se sentant pas le courage de passer la nuit dans la même ville qu'Alfred sans aller l'embrasser encore le matin. » Aujourd'hui elle est à Trévise, avec Pagello qui retourne à Vicence, où elle veut coucher ce soir pour y trouver les

---

[1]. Le passeport de Musset, signé du consul Silvestre de Sacy, est daté de Venise, 29 mars. Elle y est retournée le soir même, et le lendemain 30, elle envoie, de Trévise, sa première lettre à son ami.

nouvelles qu'Antonio doit lui avoir laissées à l'auberge.

...Adieu, adieu, mon ange, que Dieu te protège, te conduise et te ramène un jour ici si j'y suis. Dans tous les cas, certes, je te verrai aux vacances, avec quel bonheur alors! Comme nous nous aimerons bien! n'est-ce pas, n'est-ce pas, mon petit frère, mon enfant? Ah! qui te soignera, et qui soignerai-je? Qui aura besoin de moi, et de qui voudrai-je prendre soin désormais? Comment me passerai-je du bien et du mal que tu me faisais? Puisses-tu oublier les souffrances que je t'ai causées et ne te rappeler que les bons jours! le dernier surtout, qui me laissera un baume dans le cœur et en soulagera la blessure. Adieu, mon petit oiseau. Aime toujours ton pauvre vieux George [1].

C'est la nature désordonnée de cette affection, qui allait à jamais empoisonner la vie d'Alfred de Musset. Pour avoir goûté à l'amour de cette femme, ou cru seulement trouver en elle de l'amour, il restait prisonnier d'un mirage. Sa vanité d'amant avait rejoint l'orgueil de sa maîtresse, pour les faire tous deux souffrir. S'il n'avait pas eu le courage de la quitter, elle n'avait pas eu la résignation de le perdre. Sa fatalité la faisait aussi attachante par un charme irritant d'énigme, que par une instinctive et apaisante bonté. Musset ne pouvait ou-

---

[1]. Lettre du 30 mars. (*Revue de Paris* du 1er nov. 1896.)

blier tant de preuves d'affection et de sollicitude. Il la savait également sensible à la faiblesse éperdue de son amour et ne voulait se résoudre à penser qu'elle ne lui reviendrait jamais.

Il restait obsédé quand même par l'image du beau Vénitien dénué de ses tourments d'âme, qui l'avait supplanté. — Sans croire si mal faire, Pagello avait désiré, sollicité peut-être, les tendresses d'un cœur qui se déclarait libre. Pouvait-il se douter que le poète en recevrait si cruelle blessure, et prévoir telles conséquences à un caprice sans réflexion de l'homme gâté des femmes qu'il était... Il allait lui-même en souffrir, maintenant, dans la stupeur d'une aventure où s'enchevêtraient trop de sentiments, pour sa psychologie saine. « Je ne te dis rien de Pagello, écrit George Sand à l'ami qu'elle quitte, sinon qu'il te pleure presque autant que moi, et que quand je lui ai redit tout ce dont tu m'avais chargé pour lui, il s'est enfui de colère et en sanglotant. »

Ils devaient souffrir tous les trois. — Musset poursuit son voyage, trop navré pour écrire encore, et Antonio est négligent. George Sand, restée douze jours sans nouvelles, se prend à songer à tout ce passé douloureux. Elle est inquiète, et voici qu'elle aime d'amour son absent. Elle a peur de l'avoir perdue, cette âme charmante et bonne jusqu'en ses erreurs, ce brave cœur d'enfant qu'elle avait si pleinement conquis! Où retrouvera-t-elle ces ineffables abandons de jeunesse et de poésie! Quel autre amant le ferait oublier!... Et l'angoisse déjà redouble sa tendresse... Pendant ce carnaval de 1834, bien triste pour elle, elle écrit son roman de *Leone Leoni*. — On a voulu y chercher une demi-autobiographie. Nous y retrouvons, en effet, les cruelles alternatives qui agitaient alors l'âme de la pauvre femme, — entre son affectueuse estime pour Pagello et son renaissant, son cher amour pour le poète qu'elle avait quitté, qu'elle laissait partir plutôt que de lui pardonner... Enfin elle reçoit, le 15 avril, une longue lettre de Genève, et sa joie lui dicte une lettre d'humble affection, un cantique d'actions de grâces :

... J'étais au désespoir. Enfin j'ai reçu ta lettre de Genève. Oh! que je t'en remercie, mon enfant! qu'elle est bonne et qu'elle m'a fait de bien! Est-ce bien vrai que tu n'es pas malade, que tu es fort, que tu ne souffres pas? Ne crois pas, ne crois pas, Alfred, que je puisse être heureuse avec la pensée d'avoir perdu ton cœur. Que j'aie été ta maîtresse ou ta mère, peu importe; que je t'aie inspiré de l'amour ou de l'amitié, que j'aie été heureuse ou malheureuse avec toi, tout cela ne change rien à l'état de mon âme à présent. Je sais que je t'aime, et c'est tout[1]... Quelle fatalité a changé en poison les remèdes que je t'offrais? Pourquoi, moi qui aurais donné tout mon sang pour te donner une nuit de repos et de calme, suis-je devenue pour toi un tourment, un fléau, un spectre? Quand ces affreux souvenirs m'assiègent (et à quelle heure me laissent-ils en paix?) je deviens presque folle. Je couvre mon oreiller de larmes, j'entends ta voix m'appeler dans le silence de la nuit. Qu'est-ce qui m'appellera à présent? qui est-ce qui aura besoin de mes veilles? à quoi emploierai-je la force que j'ai amassée pour toi, et qui maintenant se tourne contre moi-même! Oh! mon enfant! mon enfant! que j'ai besoin de ta tendresse et de ton pardon! ne parle pas du mien, ne me dis jamais que tu as eu des torts envers moi; qu'en sais-je? Je ne me souviens plus de rien, sinon que nous avons été bien malheureux et que nous nous sommes quittés; mais je sais, je sens que nous nous aimerons toute la vie avec le cœur, avec l'intelligence, que nous tâcherons, par une affection sainte, de nous guérir mutuellement du mal que nous avons souffert l'un pour l'autre. Nous sommes nés pour nous connaître et pour nous aimer, sois-en sûr. Sans ta jeunesse et la faiblesse que tes larmes m'ont causée un matin, nous serions restés frère et sœur. Nous savions que cela nous convenait, nous nous étions prédit les maux qui nous sont arrivés. Eh bien, qu'importe, après tout? nous avons passé par un rude sentier, mais nous sommes arrivés à la hauteur où nous devions nous reposer ensemble. Nous avons été amants, nous nous connaissons jusqu'au fond de l'âme, tant mieux. Quelle

---

1. Ici trois lignes supprimées à l'encre.

découverte avons-nous faite mutuellement qui puisse nous dégoûter l'un de l'autre? Tu m'as reproché, dans un jour de fièvre et de délire, de n'avoir jamais su te donner les plaisirs de l'amour. J'en ai pleuré alors, et maintenant je suis bien aise qu'il y ait quelque chose de vrai dans ce reproche, je suis bien aise que ces plaisirs aient été plus austères, plus voilés que ceux que tu retrouveras ailleurs. Au moins, tu ne te souviendras pas de moi dans les bras des autres femmes. Mais, quand tu seras seul, quand tu auras besoin de prier et de pleurer, tu penseras à ton George, à ton vrai camarade, à ton infirmière, à ton ami, à quelque chose de mieux que tout cela; car le sentiment qui nous unit s'est formé de tant de choses qu'il ne peut se comparer à aucun autre. Le monde n'y comprendra jamais rien. Tant mieux, nous nous aimerons et nous moquerons de lui. (*Lettre des 15-17 avril.*)

Dans la lettre de Musset, si espérée à Venise, la lettre de Genève, nous trouvons tout entier le poète, sa fière loyauté, sa tendresse sincère et la charmante fantaisie de son esprit. En voici un fragment qui éclairera mieux que tous les commentaires cette âme de génie, si noble et si faible à la fois, si nativement généreuse :

... Mon amie, je t'ai laissée bien lasse, bien épuisée de ces deux mois de chagrins. Tu me l'as dit d'ailleurs, tu as bien des choses à me dire. Dis-moi surtout que tu es tranquille, que tu seras heureuse. Tu sais que j'ai très bien supporté la route, Antonio doit t'avoir écrit. Je suis fort, bien portant, presque heureux. Te dirai-je que je n'ai pas souffert, que je n'ai pas pleuré bien des fois dans ces tristes nuits d'auberge? Ce serait me vanter d'être une brute, et tu ne me croirais pas. Je t'aime encore d'amour, George. Dans quatre jours, il y aura trois cents lieues entre nous. Pourquoi ne parlerais-je pas franchement? A cette distance-là, il n'y a plus ni violences ni attaques de nerfs. Je t'aime, je te sais auprès d'un homme que tu aimes, et cependant je suis tranquille. Les larmes coulent abondamment sur mes mains, tandis que je t'écris; mais ce sont les plus douces, les plus chères larmes que j'aie versées. Je suis tranquille. Ce n'est point un enfant épuisé de fatigue qui te parle ainsi. J'atteste le soleil que j'y vois aussi clair dans mon cœur que lui dans son orbite. Je n'ai pas voulu t'écrire avant d'être sûr de moi. Il s'est passé tant de choses dans cette pauvre tête! De quel rêve étrange je m'éveille!

Ce matin, je courais les rues de Genève en regardant les boutiques; un gilet neuf, une belle édition d'un livre anglais, voilà ce qui attirait mon attention.

Je me suis aperçu dans une glace, j'ai reconnu l'enfant d'autrefois. Qu'avais-tu donc fait, ma pauvre amie? C'était là l'homme que tu voulais aimer! Tu avais dix ans de souffrances dans le cœur; tu avais depuis dix ans une soif inextinguible de bonheur, et c'était là le roseau sur lequel tu voulais t'appuyer! Toi, m'aimer! Mon pauvre George, cela m'a fait frémir. Je t'ai rendu si malheureux! Et quels malheurs plus terribles n'ai-je pas été encore sur le point de te causer! Je le verrai longtemps, mon George, ce visage pâli par les veilles, qui s'est penché dix-huit nuits sur mon chevet! Je te verrai longtemps dans cette chambre funeste, où tant de larmes ont coulé! Pauvre George, pauvre chère enfant! Tu t'étais trompée. Tu t'es crue ma maîtresse, tu n'étais que ma mère.

Le ciel nous avait faits l'un pour l'autre; nos intelligences, dans leur sphère élevée, se sont reconnues comme deux oiseaux des montagnes; elles ont volé l'une vers l'autre; mais l'étreinte a été trop forte. C'est un inceste que nous commettions.

Eh bien! mon unique amie, j'ai été presque un bourreau pour toi, du moins dans les derniers temps. Je t'ai fait beaucoup souffrir. Mais, Dieu soit loué, ce que je pouvais faire de pis encore, je ne l'ai pas fait. Oh! mon enfant, tu vis, tu es belle, tu es jeune, tu te promènes sous le plus beau ciel du monde, appuyée sur un homme dont le cœur est digne de toi. Brave jeune homme! Dis-lui combien je l'aime, et que je ne puis retenir mes larmes en pensant à lui. Eh bien! je ne t'ai donc pas dérobée à la Providence? Je n'ai donc pas détourné de toi la main qu'il te fallait pour être heureuse? J'ai fait peut-être, en te quittant, la chose la plus simple du monde, mais je l'ai faite. Mon cœur se dilate malgré mes larmes. J'emporte avec moi deux étranges compagnons : une tristesse et une joie sans fin.

...Crois-moi, mon George; sois sûre que je vais m'occuper de tes affaires. Que mon amitié ne te soit jamais importune. Respecte-la cette amitié plus ardente que l'amour. C'est tout ce qu'il y a de bon en moi. Pense à cela, c'est l'ouvrage de Dieu. Tu es le fil qui me rattache à lui. Pense à la vie qui m'attend. (*Lettre du 4 avril.*)

George était donc bien rassurée sur le cœur de son poète.

Elle lui dissimulait encore la pleine vérité de ses relations avec Pagello, son installation complète chez lui :

« Je vis à peu près seule. Rebizzo vient me

voir une demi-heure, le matin. Pagello vient dîner avec moi et me quitte à huit heures. Il est très occupé de ses malades dans ce moment-ci, et son ancienne maîtresse (*l'Arpalice*) qui s'est reprise pour lui d'une passion féroce depuis qu'elle le croit infidèle, le rend véritablement malheureux... » Nous savons ce qu'il faut penser de cette solitude de George Sand. Mais c'était alors charité de sa part, que de dissimuler à Musset sa vraie vie à Venise.

Sur le long et triste voyage du poète, nous ne savons d'autres détails que ceux qu'il donne dans ses lettres. Il n'avait de regards que pour sa douleur. Cette obsession d'une rupture qui devait laisser à son âme un inoubliable déchirement, ne quitta jamais sa mémoire. Ceux qui ont prétendu, et Paul de Musset lui-même, que le chagrin de cet amour perdu s'était peu à peu effacé de son cœur, négligent certains vers de lui, non point parfaits mais précieux pour sa biographie, *Souvenir des Alpes*, datés de 1851. Il y évoque simplement un épisode de sa vie intérieure pendant ce mélancolique retour en France, et on y sent des larmes.

Rappelons-en quelques strophes : ces vers

sont parmi les derniers qu'ait publiés Musset :

Fatigué, vaincu, brisé par l'ennui,
Marchait le voyageur dans la plaine altérée,
Et du sable brûlant la poussière dorée
Voltigeait devant lui.

Devant la pauvre hôtellerie
Sur un vieux pont, dans un site écarté,
Un flot de cristal argenté
Caressait la rive fleurie.

. . . .

Là le cœur plein d'un triste et doux mystère
Il s'arrêta silencieux,
Le front incliné vers la terre ;
L'ardent soleil séchant les larmes dans ses yeux.

Aveugle, inconstante, ô fortune !
Supplice enivrant des amours !
Ote-moi, mémoire importune,
Ote-moi ces yeux que je vois toujours !

Pourquoi dans leur beauté suprême,
Pourquoi les ai-je vus briller ?
Tu ne veux plus que je les aime,
Toi qui me défends d'oublier !

Comme après la douleur, comme après la tempête,
L'homme supplie encore et regarde le ciel,
Le voyageur levant la tête
Vit les Alpes debout dans leur calme éternel...

. . . .

Après huit jours de route, il arrivait à Paris tout plein d'Elle. A peine installé, il s'occupait activement des affaires de son amie, négociant la cession de son roman d'*André* à Buloz. Il l'informait du résultat, la dissuadait de son éternel projet de voyage à Constantinople et lui contait sa nouvelle existence à Paris. « Je suis arrivé presque bien portant », disait-il.

...Je suis debout aujourd'hui, et guéri, sauf une fièvre lente, qui me prend tous les jours au lit, et dont je ne me vante pas à ma mère, parce que le temps seul et le repos peuvent la guérir. Du reste, à peine dehors du lit, je me suis rejeté à corps perdu dans mon ancienne vie. Comment te dire jamais ce qui s'est passé dans cette cervelle depuis mon départ? Mais, en somme, j'ai beaucoup souffert, et j'étais arrivé ici avec la ferme intention de me distraire et de chercher un nouvel amour.
Je n'ai pas encore dîné une fois chez ma mère. J'avais arrangé, avant-hier, une partie carrée avec D... On m'avait mis à côté de moi une pauvre fille d'Opéra, qui s'est trouvée bien sotte, mais moins sotte que moi. Je n'ai pu lui dire un mot et suis allé me coucher à huit heures. Je suis retourné dans tous les salons où mon impolitesse habituelle ne m'a pas ôté mes entrées. Que veux-tu que je fasse? Plus je vais, plus je m'attache à toi, et, bien que très tranquille, je suis dévoré d'un chagrin qui ne me quitte plus. (*Lettre du 19 avril.*)

La vérité est que l'infortuné revenant apparut lamentable à sa famille. « Il nous arriva, plus que jamais amoureux d'Elle, désolé de l'avoir quittée, et malade, malade, le pauvre enfant ! m'a conté Mme Lardin de Musset. Maigre et les traits altérés, il avait perdu la moitié de ses cheveux ; il se les arrachait par poignées. On lui voyait des plaques chauves sur la tête. Il avait les jambes enflées ; il se mit au lit. Nous lui avions cédé, ma mère et moi, rue de Grenelle, notre appartement dont il avait envie, — qui donnait sur les jardins ; il trouvait le papier de sa chambre trop triste.

« Il fut d'abord très sobre de confidences avec nous. J'étais une enfant... Nous n'osions lui parler de rien. Ma pauvre mère avait été si inquiète[1] !

« Après six semaines sans nouvelles, Paul était allé voir Buloz qui lui avait montré une lettre de George Sand, où elle disait Alfred très malade. Alors Paul avait songé à partir pour l'Italie ; il m'en fit la confidence. Mais notre mère voulait savoir ce que George Sand avait écrit à Buloz. N'y tenant plus, elle courut chez lui. Il répondit évasivement : il avait égaré la lettre ; il la lui enverrait... Enfin, nous re-

---

[1]. M. Maurice Clouard a publié une lettre de Mme Edmée de Musset au poète (du 13 février 1834), toute pleine de son angoisse, *Revue de Paris*, article cité p. 713.

çûmes d'Alfred cette lettre navrée que Paul a citée dans la *Biographie.* »

Alfred de Musset avait écrit régulièrement aux siens, jusqu'au milieu de février. Quand il tomba malade, il chargea George Sand de donner de ses nouvelles à sa mère. Il affirma toujours qu'elle l'avait fait. Aucune de ces lettres, presque quotidiennes disaient-ils, ne parvint à destination, alors que Buloz reçut toutes celles qu'on lui écrivait[1].

La lettre si longtemps espérée du poète justifia l'inquiétude des siens. — « Le pauvre garçon, à peine relevé d'une fièvre cérébrale, parlait de se traîner, comme il pourrait, jusqu'à la maison. Car il voulait s'éloigner de Venise dès qu'il aurait assez de forces pour monter dans une voiture.

« Je vous apporterai, disait-il, un corps ma-
« lade, une âme abattue, un cœur en sang, mais
« qui vous aime encore. »

« Il devait la vie aux soins dévoués de deux personnes qui n'avaient point quitté son chevet

---

[1]. On a donné cette explication : que le gondolier à qui étaient remises, avec l'argent dû pour le port, les lettres adressées à Mᵐᵉ de Musset, les jetait dans la lagune. Quant aux lettres à Buloz et à ses amis, George Sand les portait elle-même à la poste...

jusqu'au jour où la jeunesse et la nature avaient vaincu le mal.

« Pendant de longues heures, il était resté dans les bras de la mort; il en avait senti l'étreinte, plongé dans un étrange anéantissement. Il attribuait en partie sa guérison à une potion calmante, que lui avait administrée à propos un jeune médecin de Venise, et dont il voulait conserver l'ordonnance. « C'est un puis« sant narcotique, ajoutait-il; elle est amère, « comme tout ce qui m'est venu de cet homme : « comme la vie que je lui dois. » Cette ordonnance existe, en effet, dans les papiers d'Alfred de Musset. Elle est signée *Pagello*[1]. »

Nous savons dans quel état le poète rentra chez sa mère. La première fois qu'il voulut raconter les causes de son retour, il tomba en syncope... Peu à peu il se rétablit. Le perruquier Antonio, son domestique improvisé, fut pris de nostalgie et regagna ses lagunes, avec une pacotille de parfumerie parisienne. Musset, à qui allait manquer ce vivant souvenir d'Italie, essaya de se distraire, et tout d'un coup reprit sa vie ancienne.

Nous avons vu comme il contait à George Sand

---

1. Paul de Musset, *Biographie*, p. 125.

cette tentative d'oubli ; ce n'était que pour lui mieux confesser son incurable amour. Dans la même lettre, il lui dit avoir été chez elle, quai Malaquais, et n'avoir pu y rester, de tristesse. Il voudrait travailler ; il ne peut pas : « dès que l'imbécile réfléchit un quart d'heure, voilà les larmes qui arrivent. »

... Mon amie, tu m'as écrit une bonne lettre; mais ce ne sont pas de ces lettres-là qu'il faut m'écrire. Dis-moi plutôt, mon enfant, que tu t'es donnée à l'homme que tu aimes, parle-moi de vos joies. — Non, ne me dis pas cela. Dis-moi simplement que tu aimes et que tu es aimée. Alors, je me sens plein de courage, et je demande au ciel que chacune de mes souffrances se change en joie pour toi. Alors, je me sens seul, seul pour toujours, et la force me revient, car je suis jeune, et la vie ne veut pas mourir dans sa sève. Mais songe que je t'aime, qu'un mot de toi pourra toujours décider de ma vie, et que le passé entier se retourne en l'entendant.

Il ne faut pas m'en vouloir, mon enfant, de tout cela. Je fais ce que je peux (peut-être plus). Songe qu'à présent il ne peut plus y avoir en moi ni fureur ni colère. Ce n'est pas ma maîtresse qui me manque. C'est mon camarade George. Je n'ai pas besoin d'une femme. J'ai besoin de ce regard que je trouvais à côté de moi pour me répondre. Il n'y a là ni amour importun, ni jalousie, mais une tristesse profonde...

Il parle encore à son amie de mauvais cancans répandus contre eux dans Paris, et lui envoie cette dernière tendresse :

Adieu, ma sœur adorée. Va au Tyrol, à Venise, à

Constantinople; fais ce qui te plaît. Ris et pleure à ta
guise. Mais le jour ou tu te retrouveras quelque part
seule et triste, comme à ce Lido, étends la main avant
de mourir et souviens-toi qu'il y a dans un coin du
monde un être dont tu es le premier et le dernier
amour. Adieu mon amie, ma seule maîtresse. Ecris-moi
surtout, écris-moi.

Cette lettre a trouvé G. Sand complètement
rassurée sur le cœur de « son enfant ». Sa
réponse, du 29 avril, ne trahit pas l'angoisse
éperdue de la précédente : il n'est plus question que d'amitié. Comme c'est féminin, comme
c'est humain...

... Ta lettre est triste, mon ange, mais elle est bonne et
affectueuse pour moi. Oh! quelle que soit la disposition
de ton esprit, je trouverai toujours ton cœur, n'est-ce
pas, mon bon petit? Je viens de recevoir ta lettre il y a
une heure, et, bien qu'elle m'ait émue douloureusement en plus d'un endroit, je me sens plus forte et
plus heureuse que je ne l'ai été depuis quinze jours.
Ce qui me fait mal, c'est l'idée que tu ne ménages pas
ta pauvre santé. Oh! je t'en prie à genoux, pas encore
de vin, pas encore de filles! C'est trop tôt. Songe à
ton corps qui a moins de force que ton âme et que j'ai
vu mourant dans mes bras. Ne t'adonne au plaisir que
quand la nature viendra te le demander impérieusement, mais ne le cherche pas comme un remède à
l'ennui et au chagrin. C'est le pire de tous. Ménage
cette vie que je t'ai conservée, peut-être, par mes
veilles et mes soins. Ne m'appartient-elle pas un peu à
cause de cela? Laisse-moi le croire, laisse-moi être un
peu vaine d'avoir consacré quelques fatigues de mon

inutile et sotte existence, à sauver celle d'un homme comme toi. Songe à ton avenir qui peut écraser tant d'orgueils ridicules et faire oublier tant de gloires présentes. Songe à mon amitié qui est une chose éternelle et sainte désormais et qui te suivra jusqu'à la mort. Tu aimes la vie et tu as bien raison. Dans mes jours d'angoisse et d'injustice, j'étais jalouse de tous les biens que tu pouvais et que tu devais me préférer.

Musset ne songe plus qu'au passé. Toute fierté lui est devenue impossible. Bien loin d'apaiser son amour, l'absence le lui fait tragique, pour l'aggraver d'une jalousie qu'il ne s'avoue pas à lui-même. Il aime maintenant sa douleur avec tout son être, tout son génie. Et gagnée elle-même à cette tendresse désespérée, l'infidèle va entretenir le feu sacré, fidèlement. Musset ne vivra plus que d'attendre le courrier de Venise...

Dans cette détresse, le pauvre enfant est du moins sûr de son amitié ; il lui écrit (30 avril) quelle consolation il y trouve. Il a essayé vainement de reprendre son ancienne vie :

...Maintenant, c'est fini pour toujours : j'ai renoncé non pas à mes amis, mais à la vie que j'ai menée avec eux. Cela m'est impossible de recommencer, j'en suis sûr. Que je me sais bon gré d'avoir essayé! Sois fière, mon grand et brave George : tu as fait un homme d'un enfant. Sois heureuse, sois aimée, sois bénie, repose-toi. Pardonne-moi; qu'étais-je donc sans toi, mon amour? Rappelle-toi nos conversations dans ta cellule ; regarde où tu m'as pris, et où tu m'as laissé. Suis ton passage dans ma vie ; regarde comme tout cela est palpable, évident, comme tu m'as dit clairement : « Ce n'est pas là ton chemin. »

Il la supplie de lui écrire souvent : « Songe à cela, je n'ai que toi. J'ai tout nié, tout blasphémé, je doute de tout hors de toi... Néglige-moi, oublie-moi, qu'importe? Ne t'ai-je pas tenue dans mes bras?... »

...Sais-tu pourquoi je n'aime que toi? sais-tu pourquoi, quand je vais dans le monde à présent, je regarde de travers, comme un cheval ombrageux? Je ne m'abuse sur aucun de tes défauts. Tu ne mens pas, voilà pourquoi je t'aime. Je me souviens bien de cette nuit de la lettre. Mais dis-moi, quand tous mes soupçons seraient vrais, en quoi me trompais-tu? Me disais-tu que tu m'aimais? N'étais-je pas averti? Avais-je aucun droit? O mon enfant chérie, lorsque tu m'aimais, m'as-tu jamais trompé? Quel reproche ai-je jamais eu à te faire pendant sept mois que je t'ai vue, jour par jour? Et quel est donc le lâche misérable qui appelle perfide la femme qui l'estime assez pour l'avertir que son heure est venue? Le mensonge, voilà ce que j'abhorre, ce qui me rend le plus défiant des hommes, peut-être le plus malheureux. Mais tu es aussi sincère que tu es noble et orgueilleuse.

Il sent quelque chose en lui, maintenant d'inconnu, de meilleur : il le lui doit, pour avoir été son amant... S'il a d'autres maîtresses, elles ne pourront être que jeunes : « Je ne pourrais avoir aucune confiance dans une femme faite ; de ce que je t'ai trouvée, c'est une raison pour ne plus vouloir chercher. »

Pauvre victime de l'amour, il étale sa plaie inguérissable, avec le sentiment profond de sa faiblesse. Il est retourné quai Malaquais : il en est revenu « comme abruti pour toute la journée, sans pouvoir dire un mot à personne », ayant volé sur la toilette de son amie un petit peigne à moitié cassé qu'il traîne partout dans sa poche... Elle lui a parlé de Pagello : il lui sait gré de cette preuve d'estime. Maintenant, il veut écrire leur roman, pour guérir son cœur, pour faire taire ceux qui diraient du mal d'elle. Car il la défie bien de l'empêcher de l'aimer. « Je t'ai si mal aimée ! Il faut que je dise ce que j'ai sur le cœur. » Puis il revient à Pagello :

> Dis à P... que je le remercie de t'aimer et de veiller sur toi comme il le fait. N'est-ce pas la chose la plus ridicule du monde que ce sentiment-là ? Je l'aime, ce garçon, presque autant que toi. Arrange cela comme tu voudras. Il est cause que j'ai perdu toute la richesse de ma vie, et je l'aime comme s'il me l'avait donnée. Je ne voudrais pas vous voir ensemble. Oh ! mon ange, mon ange, sois heureuse et je le serai.

Tout son cœur débile et généreux est dans cette lettre navrante. Il a si peur de la perdre tout entière, dès qu'elle n'est plus que son amie.

Maintenant George est forte de son empire sur cette âme désemparée. Elle lui répond (12 mai) que ses lettres « ne sont pas le dernier serrement de mains d'une amante qui le quitte, mais l'embrassement du frère qui lui reste ».

Elle l'engage à aimer une femme jeune, belle, qui n'ait pas encore souffert. Quant à elle, désormais, elle aspire à une vie calme. « Ce brave Pagello qui n'a pas lu *Lélia* et qui n'y comprendrait goutte » n'a pas ses yeux à Lui, ses yeux pénétrants, pour s'inquiéter d'elle, quand elle fait « sa figure d'oiseau malade »: — « Je me laisse régénérer par cette affection douce et honnête : pour la première fois j'aime sans passion. »

Ses conseils à Alfred sont sages ; elle paraît moins apaisée que triste. Sa lettre est longue comme un journal. Elle laisse couler son bavardage maternel : elle charge l'absent de maintes emplettes à lui expédier; elle lui raconte qu'elle écrit son roman de *Jacques*, et que Pagello veut traduire en italien leurs œuvres à tous deux...

Cependant Musset, à qui n'était pas encore parvenue cette lettre de raison, sentait se creuser, chaque jour plus profond, le vide de son âme :

O la meilleure, la plus aimée des femmes! que de larmes j'ai versées! Quelle journée! je suis perdu, vois-tu! que veux-tu que je fasse? Tu verses sur ma blessure les larmes d'une amie, le baume le plus doux et le plus céleste qui coule de ton cœur. Et tout tombe comme une huile bouillante sur un fer rouge. Je voudrais être calme et fort, quand je t'écris; je me raisonne, je m'efforce; mais quand je prends la plume, et que je vois ce petit papier qui va faire, pour t'aller trouver, ces trois cents lieues que je viens de faire, et qu'il n'y a au monde que toi à qui je puisse parler de toi. Pas un ami, pas un être! Et qui, d'ailleurs, en serait digne! Au milieu de mes chagrins, je sens bien que j'ai un trésor dans le cœur : je ne puis l'ouvrir à personne. Songes-tu à ce qui s'amasse pendant tant de nuits dans cette petite chambre, tant de jours solitaires? Et dès que je veux t'écrire, tout se presse jusqu'à m'étouffer. Mais je souffre, amie, et qu'importe de quoi je souffre? Tu me plaindras, tu ne te dégoûteras pas de moi. Figure-toi que c'est une autre que j'aime et que c'est une maladie que j'ai. Dieu m'est témoin que je lutte. Tu me dis que tu es dans un singulier état moral, entre une vie qui n'est pas finie et une autre qui n'est pas commencée. Et moi, où penses-tu que j'en sois? En vérité, on dit que le temps guérit tout. J'étais cent fois plus fort le jour de mon arrivée qu'à présent. Tout croule autour de moi. Lorsque j'ai passé la matinée à pleurer, à baiser ton portrait, à adresser à ton fantôme des folies qui me font frémir, je prends mon chapeau, je vais et je viens. Je me dis qu'il faut en finir d'une manière quelconque. (*Lettre du 10 mai.*)

Aucune distraction ne réussit à le soulager. Il voudrait partir ; il ira sans doute à Aix-les-Bains, en juillet, pour l'attendre à son retour de Venise... « Si tu es seule, je reviendrai passer quelques mois avec toi. Si tu es avec Pietro, je vous serrerai la main et j'irai à Naples et de là à Constantinople, si je suis assez riche... »

... Tu me parles de gloire, d'avenir. Je ne puis rien faire de bon. A quoi bon dire ce que j'ai dans l'âme ? J'étais muet quand je t'ai connue. A présent, je ne le suis plus. Mais je n'ai personne pour m'entendre, et je n'ai encore rien dit. Tout est là. J'étends les bras dans le vide, et rien ! En vérité, je jette sur les femmes de bien tristes regards. J'ai encore un reste de vie à donner au plaisir et un cœur tout entier à donner à l'amour. Peut-être y en a-t-il qui accepteraient ; mais moi, accepterai-je ? Où me mène donc cette main invisible qui ne veut pas que je m'arrête ? Il faut que je parle. Oui, il faut que je cesse de pleurer tout seul et de me manger le cœur, pour nourrir mon cœur. Il me faut un corps dans ces bras vides ; il faut que j'aie une maîtresse, puisque je ne puis me faire moine. Tu me parles de santé, de ménagements, de confiance en l'avenir ; tu me dis d'être tranquille, et c'est toi, toi qui viens de m'ouvrir les veines ; tu me dis d'arrêter mon sang ! Qu'ai-je fait de ma jeunesse ? qu'ai-je fait même de notre amour ? Vainement, j'ai pleuré une ou deux fois dans tes bras ; que sais-tu de moi, toi que j'ai possédée ? C'est toi qui as parlé : c'est toi dont la pitié céleste m'a couvert de larmes ; c'est toi qui as laissé descendre sur ma tête le ciel de ton amour. Et moi, je suis resté muet..... J'ai cessé avec toi d'être un libertin sans cœur, mais je n'ai commencé à être autre chose que pendant trois matinées à Venise, et tu dormais pendant ce temps-là.

Ne me dis pas de raisonner; plus je vois de choses crouler sous mes pieds, plus je sens une force cachée qui s'élève, s'élève et se tend comme la corde d'un arc.

.... Ah! il y a six mois les chaleurs du printemps me faisaient le même effet que le vin de Champagne. Elles me conduisaient, au sortir de la table, à la première femme venue. Que je trouvasse là deux ou trois amis en train de chanter des chansons de cabaret; un cigare et un canapé, tout était dit; et si je pleurais une heure dans ma chambre, en rentrant, j'attribuais cela à l'excitation, à l'ennui, que sais-je? Et je m'endormais. J'en étais encore là quand je t'ai connue. Mais aujourd'hui, si mes sens me conduisaient chez une fille, je ne sais ce que je ferais. Il me semble qu'au moment de la crise, je l'étranglerais en hurlant.

... Et c'est à un homme qui fait du matin au soir de pareilles réflexions ou de pareils rêves que tu adresses cette lettre du Tyrol, cette lettre sublime[1]? Mon George, jamais tu n'as rien écrit d'aussi beau, d'aussi divin; jamais ton génie ne s'est mieux trouvé dans ton cœur. C'est à moi, c'est de moi, que tu parles ainsi? Et j'en suis là! Et la femme qui a écrit ces pages-là, je l'ai tenue sur mon sein! Elle y a glissé comme une ombre céleste, et je me suis réveillé à son dernier baiser. Elle est ma sœur et mon amie; elle le sait, elle me le dit. Toutes les fibres de mon corps voudraient s'en détacher pour aller à elle et la saisir! Toutes les nobles sympathies, toutes les harmonies du monde nous ont poussés l'un vers l'autre, et il y a entre nous un abîme éternel!

---

[1]. La 2ᵉ *Lettre d'un voyageur*.

Eh bien, puisque cela était réglé ainsi, que cette Providence si sage me sauve ou me perde à son gré. J'ai horreur de ma vie passée, mais je n'ai pas peur de ma vie à venir. Si en m'ouvrant le cœur, le ciel n'a voulu que me préparer un nouveau moyen de souffrance, je subirai les conséquences de ma faiblesse et de ma vanité. Mais ce que j'ai dans l'âme ne mourra pas sans en être sorti.

Il dévore *Werther* et la *Nouvelle Héloïse*, ces folies sublimes dont il s'est tant moqué jadis. Il est ravagé par sa douleur. Il s'occupe pourtant toujours des affaires de son amie, — et toujours il pense à lui parler de Pagello :

Dis à Pietro que je voudrais bien lui écrire ; mais je ne puis pas ; je l'aime sincèrement et de tout mon cœur, mais je ne peux lui écrire. Il sait à présent pourquoi. (*Lettre du 10 mai.*)

Paul de Musset, dans la *Biographie*, expose longuement cet état navrant de l'âme de son frère pendant les premiers mois de son retour. Après d'infructueux essais de distraction, dans le monde et parmi d'anciens compagnons de plaisir, il retombait dans son besoin farouche de séquestration. Il subissait maintenant son chagrin. La musique le berçait dans une amère volupté. Certain concerto de Hummel que lui jouait sa jeune sœur et qui lui rappelait de douces soirées de Venise, l'arrachait par un enchantement soudain à cette morne solitude. Mais il n'y retombait que plus désespéré. Paul de Musset a donné des fragments d'un ouvrage inachevé de son frère, *le Poète déchu*, où cinq ans plus tard il retraçait fidèlement ce douloureux temps d'épreuve [1] :

« Je crus d'abord n'éprouver ni regret ni douleur de mon abandon. Je m'éloignai fièrement ; mais à peine eus-je regardé autour de moi que je vis un désert. Je fus saisi d'une souffrance inattendue. Il me semblait que toutes mes pensées tombaient comme des feuilles sèches, tandis que je ne sais quel sentiment inconnu horriblement triste et tendre s'élevait dans mon âme. Dès que je vis que je ne pouvais lutter, je m'abandonnai à la douleur en désespéré. Je rompis avec toutes mes habitudes. Je m'enfermai dans ma chambre ; j'y passai quatre mois à pleurer sans cesse, ne voyant personne et n'ayant pour toute distraction qu'une partie d'échecs que je jouais machinalement tous les soirs.

« La douleur se calma peu à peu, les larmes tarirent, les insomnies cessèrent. Je connus et j'aimai la mélancolie. Devenu plus tranquille, je jetai les yeux sur tout ce que j'avais quitté. Au premier livre qui me tomba sous la main, je m'aperçus que tout avait changé. Rien du passé n'existait plus, ou, du moins, rien ne se ressemblait. Un vieux tableau, une tragédie que je savais par cœur, une romance cent fois rebattue, un entretien avec un ami me surprenaient ; je n'y retrouvais plus le sens accoutumé. Je compris alors ce que c'est que l'expérience, et je vis que la douleur nous apprend la vérité.

---

1. *Biographie*, pp. 128-130.

« Ce fut un beau moment dans ma vie, et je m'y arrête avec plaisir : oui, ce fut un beau et rude moment. Je ne vous ai pas raconté les détails de ma passion. Cette histoire-là, si je l'écrivais, en vaudrait pourtant bien une autre, mais à quoi bon? Ma maîtresse était brune; elle avait de grands yeux; je l'aimais, elle m'avait quitté; j'en avais souffert et pleuré pendant quatre mois; n'est-ce pas en dire assez?

« Je m'étais aperçu tout de suite du changement qui s'était fait en moi, mais il était bien loin d'être accompli. On ne devient pas homme en un jour. Je commençai par me jeter dans une exaltation ridicule. J'écrivis des lettres à la façon de Rousseau, — je ne veux pas vous disséquer cela. — Mon esprit mobile et curieux tremble incessamment comme la boussole, mais qu'importe si le pôle est trouvé? J'avais longtemps rêvé; je me mis enfin à penser. Je tâchai de me taire le plus possible. Je retournai dans le monde; il me fallait tout revoir et tout rapprendre... »

George est restée quinze jours sans répondre à Alfred. Dans sa lettre du 24 mai, elle est toute préoccupée des propos qu'Alexandre Dumas, Mme Dorval et surtout Planche auraient tenus sur son compte. Si ce dernier, dont la figure déplaît à Musset, a réellement parlé bassement de lui et insolemment d'elle, elle ne le reverra de sa vie... Mais elle veut paraître détachée de ces misères. Et voici l'état de son cœur :

... J'ai là près de moi, mon ami, mon soutien; il ne souffre pas, lui, il n'est pas faible, il n'est pas soupçonneux, il n'a pas connu les amertumes qui t'ont rongé le cœur; il n'a pas besoin de ma force, il a son calme et sa vertu; il m'aime en paix, il est heureux sans que je souffre, sans que je travaille à son bonheur. Eh bien, moi, j'ai besoin de souffrir pour quelqu'un, j'ai besoin d'employer ce trop d'énergie et de sensibilité qui sont en moi. J'ai besoin de nourrir cette maternelle sollicitude qui est habituée à veiller sur un être souffrant et fatigué. Oh! pourquoi ne pouvais-je vivre entre vous deux et vous rendre heureux sans appartenir ni à l'un ni à l'autre! J'aurais bien vécu dix ans ainsi. Il est bien vrai que j'avais besoin d'un frère; pourquoi n'ai-je pu conserver mon enfant près de moi? Hélas! que les choses de ce monde sont vaines et menteuses, et combien le cœur de l'homme changerait s'il entendait la voix de Dieu! Moi, je l'écoute et il me semble que je l'entends, et pendant ce temps les hommes me crient : horreur, folie, scandale, mensonge! Quoi donc? Qu'est-ce? Et pourquoi ces malédictions? De quoi encore serai-je accusée?

... Oui, nous nous reverrons au mois d'août, quoi qu'il arrive, n'est-ce pas? Tu seras peut-être engagé dans un nouvel amour. Je le désire et je le crains, mon enfant. Je ne sais ce qui se passe en moi quand je prévois cela. Si je pouvais lui donner une poignée de main à celle-là! et lui dire comment il faut te soigner et t'aimer ; mais elle sera jalouse, elle te dira : « Ne me parlez jamais de madame Sand, c'est une femme infâme. » Ah! du moins, moi je peux parler de toi à toute heure sans jamais voir un front rembruni, sans jamais entendre une parole amère. Ton souvenir est une relique sacrée, ton nom est une parole solennelle que je prononce le soir dans le silence des lagunes et auquel répond une voix émue et une douce parole, simple et laconique, mais qui me semble si belle alors! — *io.*

l'amo! — Peu importe, mon enfant, aime, sois aimé et que mon souvenir n'empoisonne aucune de tes joies. Sacrifie-le s'il le faut! Dieu m'est témoin pourtant que je mépriserais celui qui me prierait, non pas seulement de te maudire, mais de t'oublier.

L'amour, qui peu à peu l'abandonne, ne laissant subsister en elle qu'une maternelle amitié, l'amour, après ces longs jours de silence, s'est aussi assoupi chez son poète. La réponse de Musset, du 10 juin, témoigne d'une âme rassérénée. Sa santé n'a jamais été meilleure ; il lui semble n'avoir plus de sens ; il croit proche l'enthousiasme ; il va aimer!.. Mais les avances que lui font quelques femmes ne l'attirent guère. Il aime plus que jamais son *Georgeot*, « de cette amitié douce et élevée qui est restée entre eux comme le parfum de leurs amours ». Or il existe, dit-il, des *révélations :* avec saint Augustin, il croit après avoir nié ; mais il veut trouver un cœur vierge dans une femme intelligente.

... O mon Georgeot, que Dieu me protège! Je m'agenouille quelquefois en criant : « Que Dieu me protège, car je vais me livrer! » Cela est beau, n'est-ce pas, et effrayant en même temps, d'aller et de venir avec cette pensée-là : je vais me perdre ou me sauver! Prie pour moi, mon enfant ; quoi qu'il doive m'arriver, plains-moi. Je t'ai connue un an trop tôt. J'ai cru longtemps à mon bonheur, à une espèce d'étoile qui me suivait. Il en est tombé une étincelle de la foudre sur ma tête, de cet astre tremblant. Je suis lavé par le feu céleste, qui a failli me consumer. Si tu vas chez Danieli, regarde dans le lit où j'ai souffert : il doit y avoir un cadavre ; car celui qui s'en était levé n'est pas celui qui s'y était couché.

Comme il s'ouvre, amie bien-aimée, ce cœur qui s'était desséché! Comme chaque mot, chaque chose, chaque homme que je rencontre, fait se détendre une fibre! Comme tous les objets que je retrouve ici m'envoient à l'âme un rayon nouveau! Et comme tous ces rayons se pressent, se condensent, jusqu'à ce qu'ils aient trouvé une issue pour s'élancer de leur antre, et retourner, teints du sang de mes veines, dans la nature! Je vais au boulevard, au Bois, à l'Opéra, sur le quai, aux Champs-Élysées. Cela est doux et étrange, n'est-ce pas, de se promener tout jeune dans une vieille vie? X. (*Tattet*) est de retour. Il trouve, que *je lui apparais sous un nouvel aspect*, voilà son mot. Du reste, je bois autant de vin de Champagne que devant, ce qui le rassure.

Tu reviendras, n'est-ce pas? Je retrouverai mon bon et loyal camarade, avec son grand cœur et ses grands yeux? O mon petit ange, que tu es joli! Que tu m'es cher, toi, mon seul ami. Avec quel plaisir je sens, en t'écrivant, que mon cœur s'épanche avec confiance, avec amour, que je puis pleurer dans tes bras! Oh, Dieu merci! j'ai un ami : on ne me le volera pas; il prie pour moi, et moi pour lui. Si je ne t'avais pas connue et perdue, George, je n'aurais jamais compris ce que je devais être, et pourquoi ma mère a eu un fils. Quand nous étions ensemble, je laissais ma stupide jeunesse tomber lentement en poussière ; mais je ne me rendais compte de rien de ce qui se passait en moi. Je me disais que cela valait toujours mieux que le passé. Je remettais au lendemain; je croyais qu'il serait toujours temps; je réfléchissais et je doutais. De plus, je suis d'une nature faible et oisive; la tranquillité de nos jours de plaisir me berçait doucement. Pendant ce temps là, Azraël a passé, et j'ai vu luire entre nous deux l'éclair de l'épée flamboyante. Chose étrange, je n'ai compris qu'il fallait faire usage de mes forces que lorsque j'ai senti qu'elles pouvaient manquer. J'avais une telle confiance, une si misérable vanité !

J'étais habitué depuis si longtemps à porter autour de moi tant de voiles bizarres! à m'ôter une partie avec l'un, une autre avec l'autre! Je n'ai compris que je pouvais aimer que lorsque j'ai vu que je pouvais mourir.

Adieu, ma bien-aimée; dis à Pietro que je l'embrasse et qu'il a tort de ne pas m'écrire. Cela me ferait plus de plaisir que je ne puis le dire.

Notre poète va décidément mieux : lui qui, le mois précédent, écrivait à son amie n'avoir pu se décider encore à aller voir son fils au collège : « il a une paire d'yeux noirs que je ne verrai pas sans douleur, je l'avoue », il écrit maintenant (10 juin) à la pauvre mère inquiète que son Maurice se porte bien : « Je viens de le voir à l'instant et il doit sortir avec moi dimanche. »

Le 15 juin, longue lettre de George tout à fait calme à Alfred à peu près guéri. Elle s'applaudit de l'apaisement de son ami, de son rétablissement corps et âme. — Pagello y ajoute un billet de sa main pour recommander à son malade de l'hôtel Danieli, — « qu'une affection liera toujours à lui d'une manière sublime pour eux deux, incompréhensible pour les autres », — d'éviter l'intempérance et de se souvenir de certaine eau de gomme arabique, qu'il lui fit avaler à Venise. George a lu ce sermon sur le vin de Champagne : « Sois sûr, ajoute-t-elle à Alfred, que si Pagello en avait sous la main, il en boirait une bouteille à chaque point de son discours. »

Elle a traversé une grave disette d'argent. Musset s'est fort agité pour lui faire parvenir ce que lui devait Buloz. Mais son bon cœur est ému à la pensée qu'elle a pu souffrir de la gêne. Il songe aussi à ses angoisses de mère; Boucoiran l'avait laissée sans nouvelles de ses enfants. Il s'inquiète surtout des tristesses profondes qu'il a cru deviner entre les lignes de la seconde de ses *Lettres d'un voyageur* — qu'il vient de porter à la *Revue*. — Il est découragé, triste, inquiet; il apparaît surtout bien las.

...Dis-moi de prendre ton fils ou ta fille par la main, de faire trois cents lieues pour te les amener, et de m'en revenir. Dis-moi de contracter pour toi une dette, que je ferais de si bon cœur et que je paierais ensuite par mon travail. Je ne suis qu'une pauvre paille dans le fleuve terrible qui t'entraîne; mais avant de céder au torrent, accroche-toi un instant à cette paille, ne fût-ce que pour qu'elle te suive dans l'Océan.

Buloz vient de m'apporter la *Lettre* que tu lui as envoyée pour la *Revue*[1]. Le cœur me bat si fort qu'il faut que je t'écrive ce que j'éprouve. Mon enfant, il y a dans la lettre un mot affreux, celui de *suicide;* quel que soit le degré de foi qu'on ajoute à cette pensée chez les autres, elle ne prouve pas moins une très grande souffrance. J'en ai ri souvent; mais depuis ces trois mois-ci, je ne ris plus de rien. Dis-moi, mon George, mon frère adoré, quand tu as écrit ce mot-là, était-ce seulement l'inquiétude que tu ressentais pour ton fils, jointe au désappointement de ne pas recevoir ce que tu attendais? Ne sont-ce enfin que des causes matérielles et réelles, qui t'inspiraient cette affreuse et poignante pensée? Il m'a semblé qu'une tristesse, étrangère à tout cela, dominait les autres motifs. Buloz lui-même s'est interrompu plusieurs fois en lisant, pour me dire : « Qu'a-t-elle donc ? comme cela est triste ! » Le pauvre homme, qui ne se doute de rien au monde, ne manquait pas, il est vrai, d'ajouter : « Mais vous ne l'avez pas quittée? Vous ne l'avez pas abandonnée? » Le pauvre garçon ne se doute pas du mal qu'il me fait avec ses questions. Mais il n'en est pas moins vrai que tu souffres; je sais bien que toute ta vie tu as pensé à la mort, que toute ta vie t'y a poussée, que cette idée t'est familière, presque chère ; mais enfin elle ne se représente à toi avec force que lorsque tu souffres, et je ne puis croire qu'elle naisse d'elle-même dans une organisation aussi belle, aussi complète que la tienne, comme dans celle d'un Anglais pulmonique! Je te parle franchement, mon enfant; mais ne suis-je pas un ami ? Ne m'as-tu pas permis de l'être?........ O mon enfant, la plus aimée, la seule

---

1. Publiée dans la *Revue des Deux Mondes* du 15 juillet 1834.

aimée des femmes, je te le jure sur mon père; si le sacrifice de ma vie pouvait te donner une seule année de bonheur, je sauterais dans un précipice, avec une joie éternelle dans l'âme. Mais sais-tu ce que c'est que d'être là, dans cette chambre, seul, sans un ami, sans un chien, sans un sou, sans une espérance, inondé de larmes depuis trois mois, et pour bien des années; d'avoir tout perdu, jusqu'à ses rêves; de me repaître d'un ennui sans fin, d'être plus vide que la nuit; sais-tu ce que c'est que d'avoir pour toute consolation une seule pensée : qu'il faut que je souffre et que je m'ensevelisse en silence, mais que du moins tu es heureuse, peut-être heureuse par mes larmes, par mon absence, par le repos que je ne trouble plus! O mon amie, mon amie, si tu ne l'étais pas!... Certes, l'homme que tu as choisi ne peut avoir changé ta vie qu'en bien. C'est une noble créature, bonne et sincère; il t'est dévoué, j'en suis sûr, et tu es trop noble toi-même pour ne pas lui rendre le même dévouement. Il t'aime, et comme tu dois être aimée. Je n'ai jamais douté de lui, et cette confiance, que rien ne détruira jamais, a été ma force pour quitter Venise, ma force pour y venir, pour y rester. Mais, hélas! je n'en suis pas à apprendre aujourd'hui quel hiéroglyphe terrible c'est que ce mot si souvent répété : le bonheur! O mon Dieu, la création tout entière frémit de crainte et d'espérance en l'entendant. Le bonheur, est-ce l'absence du désir? Est-ce de se sentir tous les atomes de son être en contact avec d'autres? Est-ce dans la pensée, dans les sens, dans le cœur que se trouve le bonheur? Qui sait pourquoi il souffre?

... Réponds-moi que tu es heureuse, afin que je retourne au pied de mon lit retrouver ma douleur courageuse et résignée, afin que l'idée de ton bonheur éveille encore un faible écho lointain dans le vide où je suis, et quelque chose comme un petit soupir de joie au milieu de tous ces affreux sanglots, que personne ne voit, si Dieu n'existe pas, ou ne les entend pas surtout. Pardonne-moi de te parler avec cette franchise; pardonne-moi de ne pouvoir imposer silence à mon cœur. Je suis muet depuis si longtemps et pour si longtemps! Parle-moi un peu de toi, fais-moi vivre un quart d'heure, car la mort se repent de m'avoir manqué là-bas, quand tes soins et tes veilles l'ont écartée de moi. Adieu, je n'en puis plus! (*Lettre du 16 juin.*)

George rassure cet ami trop vite inquiet : son idée de suicide, ce spleen toujours prêt à se réveiller au contact d'une contrariété ou d'un affront, « la suivra toujours probablement sans lui faire aucun *bobo,* car elle n'a ici aucun chagrin de cœur ». Son Pagello est un ange ; ses tracas matériels se sont dissipés. Dans un mois elle reverra ses enfants... Elle ajoute comme glose à cet exposé de sa tranquillité : « Tu as donc bien raison de dire que mon bonheur a pris sa source dans tes larmes, non pas dans celles de ton désespoir et de ta souffrance, mais dans celles de ton enthousiasme et de ton sacrifice... Rappelle-toi que tu m'as laissé un souvenir plus sûr et plus précieux que tous les souvenirs de la possession. » (*Lettre du 26 juin.*)

La dernière lettre de Musset adressée à Venise, le 10 juillet, a été détruite « parce qu'elle contenait une confidence ». On en a gardé du moins quelques lignes relatives au retour attendu de George avec le « bon docteur », et ce trait qui nous prépare à la rencontre des amants :

« — Dites-moi, Monsieur, est-ce vrai que « Mme Sand soit *une femme adorable?* » Telle est l'honnête question qu'une belle bête m'adressait l'autre jour. La chère créature ne me l'a pas répétée moins de trois fois pour voir si je varierais mes réponses. — « Chante, mon « brave coq, me disais-je tout bas, tu ne me « feras pas renier, comme saint Pierre. »

VII

Après cinq mois de vie commune à Venise, George Sand et Pagello partent pour Paris. Les dernières lignes que nous avons citées du naïf journal du docteur nous signalent chez eux un état d'âme assez mélancolique, sans le trop préciser. De George Sand elle-même nous n'apprendrons rien : nous savons qu'elle n'avoue jamais... Cette grande sincère — pour les autres — s'acharne à tout dissimuler de sa vie vraie... Déjà elle s'obstinait à réagir contre sa légende, légende qui offensait son âme hautaine et bourgeoise. Elle préludait à ce rôle de *Matriarche* qui devait faire vénérer sa vieillesse.

Lasse, à coup sûr, de sa médiocrité vénitienne et des petits intérêts de son honnête amant, elle ne songeait plus qu'à revoir ses enfants, — à retrouver aussi le poète qui l'avait quittée, qui l'adorait encore, qu'elle-même avait aimé jadis.

Ce départ de George Sand avec Pagello, après cinq mois de calme tête-à-tête, nous apparaît, pour lui, maussade et triste, mais pour elle libérateur. Son âme compliquée est-elle impatiente de nouvelles souffrances ?... Reprenons le récit du docteur.

J'eus, avec beaucoup de difficultés, un passeport, et je partis avec elle pour Milan sans prendre congé de mes parents ni de mes amis, et sans dire à personne si ni quand je reviendrais.

De Milan, j'écrivis à mon père :

« Je n'ai pas répondu à la lettre dans laquelle tu me blâmais de vivre avec une étrangère, perdant ma jeunesse, ruinant ma carrière, reniant publiquement ces principes de morale chrétienne qui me furent inculqués par la meilleure des mères ; je n'ai pas répondu à cette lettre parce que je ne savais pas me disculper et que je dédaignais de mentir avec de fausses promesses. Je te réponds aujourd'hui de Milan : je suis au dernier stade de ma folie et je dois le courir encore les yeux fermés, comme j'ai couru les autres. Demain, je pars pour Paris où je quitterai la Sand et je reviendrai t'embrasser, digne de toi. Je suis jeune et je pourrai refaire ma carrière. Toi, ne cesse pas de m'aimer et écris-moi à Paris. »

J'ai commencé mon histoire à contre-cœur ; je la poursuis maintenant volontiers, parce que, à mesure que je la raconte, je me sens l'âme soulagée, comme celui qui confesse ses fautes. De Milan, nous allâmes, la Sand et moi, par Domo d'Ossola et le Simplon. Arrivés à Martigny, nous quittâmes la voiture et les bagages.

George Sand était en costume d'homme. A dos de mulet, nous avons franchi le col des Palmes et nous nous sommes transportés à Chamounix, où le jour suivant nous avons entrepris à pied l'ascension du Mont-Blanc avec une longue caravane d'Anglais, de Français, d'Allemands et d'Américains. Arrivés à la mer de Glace, après avoir examiné les fissures qui laissent voir l'épaisseur de la glace à 400 pieds de profondeur, après nous être réjouis de l'écho éclatant des Mortarets qui rebondissait avec un long hululement dans cette vallée désolée, hérissée de récifs de glace, parmi les neiges éternelles, nous sommes revenus à Chamonix, laissant quatre gentlemen anglais et un Américain poursuivre l'ascension jusqu'aux dernières aiguilles, avec leurs guides, et y passer la nuit. Plus tard je sus qu'un de ces jeunes gens perdit deux doigts de pied par suite de la gangrène de la gelée. — Le lendemain nous revenions à Martigny et de là nous nous mettions en route pour Genève.

A mesure que nous avancions, nos relations devenaient plus circonspectes et plus froides. Je souffrais beaucoup, mais je faisais mille efforts pour le cacher. George Sand était un peu mélancolique et beaucoup plus indépendante de moi. Je voyais douloureusement en elle une actrice assez coutumière de telles farces, et le voile qui me bandait les yeux commençait à s'éclaircir. Nous visitâmes Genève, marché de manufactures en or et en argent et en horlogerie. Mais ce qui me procura un grand plaisir, bien que je n'en pusse goûter pleinement aucun, ce furent ses délicieux environs, et tout d'abord le lac : il la côtoie d'une onde si limpide qu'on en peut voir les poissons frétiller à 0 pieds de profondeur, comme si on les avait dans la main. De plus, les bords du lac jusqu'à Lausanne sont un pays enchanté. Je n'oserais le décrire d'abord parce que vous avez l'intention de le visiter, puis parce que Voltaire et spécialement Rousseau les ont dépeints, comme personne ne les dépeindra plus. Après six ou sept jours passés à Genève, nous montâmes en diligence, et, par le Dauphiné et la Champagne, nous arrivâmes à Paris. A la station, George Sand trouva un de ses amis, M. Bouquereau (Boucoiran) qui l'accompagna chez elle, quai Voltaire, et moi à l'hôtel d'Orléans, rue des Petits-Augustins, dans une chambrette du troisième étage à 1 fr. 50 par jour.

La présence de Pagello allait être importune. Dans sa bonté, George Sand n'avait osé lui déconseiller le voyage, pour ne pas lui avouer l'affaiblissement de son amour.

Une mélancolie sans issue s'emparait du pauvre Italien, doublement exilé, dès son installation à Paris.

La vie monotone et bourgeoise endurée cinq mois à Venise, autant que cette étrange correspondance entretenue avec Musset, — et toujours exaltée, malgré l'espèce de lassitude que nous y avons constatée dès le mois de juin, — avaient préparé ce refroidissement graduel dans les relations de Lélia avec le docteur Pagello.

A peine rentrée à Paris, G. Sand voulut revoir Musset. Pagello dut y consentir, s'y résigner, et il en eut d'amers tourments. L'instinctive générosité de leur amie s'ingéniait à apaiser ces deux tristesses. Mais tous trois étaient malheureux.

Dans le rapport sensé qu'il fait de son séjour à Paris, Pagello ne prononce pas le nom de Musset, comme nous allons voir. A peine peut-on soupçonner, entre les lignes, qu'il connut ces cruelles divinations de la jalousie dont l'empoisonnement n'a pour remède que la fuite.

Comme M. Boucoiran prenait congé de moi, las de corps et d'esprit, je me laissai tomber sur une chaise, et les coudes appuyés aux genoux, le front dans les mains, je me dis à moi-même : « Te voilà à Paris avec peu d'argent et une liaison dont il ne te reste qu'une amitié mal assurée. Elle succède en toi à une passion mal éteinte, en George Sand à un caprice satisfait et fini... Qui t'aidera et qui consolera tes douleurs solitaires? Alors, machinalement, je me levai, et machinalement j'ouvris ma malle pour en tirer quelques vêtements; et, tout en soulevant mon linge, je découvris un paquet que je connaissais bien, que je saisis et décachetai avec un grand respect. C'était le portrait de ma mère. Je le couvris de baisers et le plaçai sur une armoire qui faisait face au petit lit; ainsi je pouvais le voir toujours. Et je restai longtemps à le contempler. Je me sentis renouvelé; un courage spontané secourut mon âme abattue et une voix sembla me dire : « Tu retourneras dans ta patrie et tu y passeras des jours honorés et tranquilles; ta conduite à venir tirera des enseignements de tes erreurs passées; garde toujours dans ton esprit les principes que ta mère t'a fait sucer avec le lait; — toutes les joies terrestres qui iront contre ces préceptes te rendront malheureux. »

J'entendis frapper doucement à la porte de ma chambre; j'ouvris... C'était George Sand avec M. Boucoiran, qui venaient me chercher pour me mener dîner comme nous en étions convenus. Cette visite m'arracha âprement à une tranquille joie de l'esprit, et j'en fus presque dégoûté. Je me ressaisis et je sortis avec eux. J'allai donc dîner chez George Sand qui m'offrait la plus gentille hospitalité. Elle me proposa comme ami, presque comme frère, à M. Boucoiran. Elle voulait partir avec ses deux petits enfants pour la Châtre, le jour suivant, et moi j'avais manifesté la ferme volonté de ne pas la suivre. La Sand voyait toute la singularité de ma position, tous les sacrifices que j'avais faits à son amour : ma clientèle perdue, mes parents quittés et moi exilé sans fortune, sans appui, sans espérance. Elle me regardait fixement bien en face, stupéfaite de me voir tranquille et presque sérieux. Le colloque spirituel que je venais d'avoir avec ma mère m'avait rendu une paix que je ne connaissais plus depuis longtemps. Cette femme à l'œil de lynx épiait mon cœur; mais elle en avait perdu le secret. Au milieu même de ses égarements tous consécutifs d'un premier faux pas, elle gardait un cœur de femme tendre, compatissant, industrieux pour les malheureux et intrépide pour le sacrifice...

Donc, à peine arrivée, presque indifférente soudain pour l'infortuné Pagello, George Sand revoit le poète. Et tous deux sont repris par leur ancien amour. La présence de l'Italien, la fâcheuse rumeur du monde ne troublent pas cette première ivresse. Mais voici qu'en se retrouvant ils ont retrouvé l'amertume. Quinze jours fiévreux et cruels, quinze jours seulement s'écoulent. Le sentiment de l'irréparable a surgi, poignant, chez Musset. Il souffre trop, veut partir.

... J'ai trop compté sur moi en voulant te revoir et j'ai reçu le dernier coup.

J'ai à recommencer la triste tâche de cinq mois de luttes et de souffrance. Je vais mettre une seconde fois la mer et la montagne entre nous. Ce sera la dernière épreuve : je sais ce qu'elle me coûtera; mais mon père de là-haut ne m'appellera pas lâche quand je paraîtrai devant lui. J'aurai tout fait pour tenter de vivre. J'attendrai de l'argent là-bas, et si Dieu le permet, je reverrai ma mère, mais je ne reverrai jamais la France. Je t'ai vue heureuse; je t'ai entendue dire que tu l'étais. Il m'eût été doux de rester votre ami, et que la douce joie de vos âmes eût été hospitalière envers ma douleur. Mais le destin ne pardonne pas.

... Le jour où j'ai quitté Venise, tu m'as donné une journée entière. Je pars aujourd'hui pour toujours; je pars seul, sans un compagnon, sans un adieu. Je te demande une heure et un dernier baiser. Si tu crains un moment de tristesse, si ma demande importune Pierre, n'hésite pas à me refuser. Ce sera dur, je ne m'en plaindrai pas. Mais si tu as du courage, reçois-moi seul, chez toi ou ailleurs, où tu voudras. Pourquoi craindrais-tu d'entendre hautement la voix solennelle de la destinée? N'as-tu pas pleuré hier, lorsqu'elle nous a murmuré à cette fenêtre entr'ouverte le triste air de ma pauvre valse? Ne pense pas retrouver jamais en moi ni orgueil offensé, ni douleurs importunes. Reçois-moi sur ton cœur, ne parlons ni du passé, ni du présent, ni de l'avenir. Que ce ne soit pas l'adieu de monsieur Un tel et de madame Une telle. Que ce soient deux âmes qui ont souffert, deux intelligences souffrantes, deux aigles blessés qui se rencontrent dans le ciel, et qui échangent un cri de douleur avant de se séparer pour l'éternité ! Que ce soit un embrassement chaste comme l'amour céleste, profond comme la douleur humaine. O ma fiancée ! Pose-moi doucement la couronne d'épines et adieu. Ce sera le dernier souvenir que conservera ta vieillesse d'un enfant qui n'y sera plus !

La demande a été accordée ; Musset va revoir son amie une dernière fois. Il sera fort : sa résolution de partir est irrévocable.

...Que je sois au désespoir, cela est possible. Mais ce n'est pas le désespoir qui agit en moi. C'est moi qui le sens, qui le calcule et qui agis sur lui. Je t'en prie, pas un mot là-dessus, et ne crains pas qu'il m'échappe rien. Tu me dis que je me trompe sur ce que j'éprouve. Non, je ne me trompe pas. J'éprouve le seul amour que j'aurai de ma vie. Je te le dis franchement et hautement, parce que j'ai raisonné avec cet amour-là, jour par jour, minute par minute, dans la solitude et dans la foule, depuis cinq mois, que je sais qu'il est invincible, mais que tout invincible qu'il est, ma volonté le sera aussi. Ils ne peuvent se détruire l'un par l'autre ; mais il dépend de moi de faire agir l'un plutôt que l'autre. Ne te donne pas la peine de penser à tout cela ; il y a longtemps que j'y pense. Lorsque j'ai risqué de te voir, j'avais calculé toutes les chances : celle-là est sortie. Ne t'en afflige pas surtout, et sois sûre qu'il n'y a pas dans mon cœur une goutte d'amertume.

Il compte aller à Toulouse, puis chez son oncle Desherbiers, qui est sous-préfet de Lavaur; de là dans les Pyrénées et peut-être en Espagne.

Mais elle hésite maintenant à accepter ce rendez-vous. Suprême coquetterie de femme, ou crainte d'elle-même ? Musset n'y tient plus ; il supplie :

C'est trop ou trop peu. Manques-tu de courage ? Revoyons-nous, je t'en donnerai. Parle ou ne parle pas ; les lèvres des hommes n'ont pas de parole que je ne puisse entendre sans crainte. Tu me dis que tu ne crains pas de blesser Pierre. Quoi donc alors ? Ta position n'est pas changée. Mon amour-propre, dis-tu ? Écoute, écoute, George : si tu as du cœur, rencontrons-nous quelque part, chez moi, chez toi, au Jardin des Plantes, au Cimetière, au tombeau de mon père (c'est là que je voudrais te dire adieu). Ouvre ton cœur sans arrière-pensée ; écoute-moi te jurer de mourir avec ton amour dans le cœur, un dernier baiser, et adieu ! Que crains-tu ? O mon enfant, souviens-toi de ce triste soir à Venise, où tu m'as dit que tu avais un secret. C'était à un jaloux stupide que tu croyais parler. Non, non, George, c'est à un ami.

C'est la Providence qui changea tout à coup l'homme à qui tu parlais. Rappelle-toi cela. Au milieu de cette vie de misères et de souffrances, Dieu m'accorde peut-être la consolation de t'être bon à quelque chose. Sois-en sûre, oui, je le sens là, je ne suis pas ton mauvais génie. Qui sait ce que le ciel veut de nous? Peut-être suis-je destiné à te rendre encore une fois le repos.

Songe que je pars, mon enfant. Ne fermons pas légèrement des portes éternelles. Et puis, avoir tant souffert pendant cinq mois, partir pour souffrir plus encore, partir pour toujours, te savoir malheureuse quand j'ai tout perdu pour te voir tranquille, et pas un adieu! Ah! c'est trop, c'est trop. Je suis bien jeune; mon Dieu, qu'ai-je donc fait?

Mais la pauvre femme se trouble : Pagello est malheureux. Elle répond à son amant :

Oui, il faut nous quitter pour toujours. Il est inquiet et il n'a pas tort, puisque tu es si troublé, et il voit bien que cela me fait du mal. Est-il possible, mon Dieu, que cela ne m'en fasse pas? Mais je pars pour Nohant, moi, je vais passer là les vacances avec mes enfants. Je ne veux pas que tu t'exiles à cause de moi. Je *lui* ai tout dit. Il comprend tout, il est bon. Il veut que je te voie sans lui une dernière fois et que je te décide à rester, au moins jusqu'à mon retour de Nohant. Viens donc chez moi, je suis malade pour sortir et il fait un temps affreux. Ah! ton amitié, ta chère amitié, je l'ai donc perdue, puisque tu souffres auprès de moi!

Écoutons, ici, la bien-disante Mme Arvède Barine : « Elle dépérissait, en effet, de chagrin. Pagello s'était éveillé, en changeant d'atmosphère, au ridicule de la situation : « Du moment « qu'il a mis le pied en France », écrit George Sand, « il n'a plus rien compris. » Au lieu du saint enthousiasme de jadis, il n'éprouvait plus que de l'irritation quand ses deux amis la prenaient à témoin de la chasteté de leurs baisers : « Le voilà qui redevient un être faible, « soupçonneux, injuste, faisant des querelles

« d'Allemand et vous laissant tomber sur la tête
« ces pierres qui brisent tout. » Dans son inquiétude, il ouvre les lettres et clabaude indiscrètement.

« George Sand contemple avec horreur le naufrage de ses illusions. Elle avait cru que le monde comprendrait qu'il ne fallait pas juger leur histoire d'après les règles de la morale vulgaire. Mais le monde ne peut pas admettre qu'il y ait des privilégiés ou, pour parler plus exactement, des dispensés en morale. Elle lisait le blâme sur tous les visages, et pour qui? grand Dieu! Pour cet Italien insignifiant dont elle avait honte maintenant[1]. »

Indulgentes réflexions! George Sand n'eut jamais honte de ses amants, tant qu'elle les aimait. Mais après avoir transfiguré à ses propres yeux sa faiblesse de Venise, jusqu'à s'en justifier, la voilà qui se laisse reprendre d'amour pour Musset, au vertige de son désespoir. Et presque fière de la mortelle emprise qu'elle sait avoir sur le poète, elle consent à lui dire un dernier adieu. — Cet adieu n'a pas été aussi triste qu'ils pouvaient, elle l'espérer, lui le craindre. Elle a cédé au suprême désir de

---

[1]. ARVÈDE BARINE, *Alfred de Musset*, p. 75.

son amant d'autrefois, insoucieuse de Pagello. Le lendemain, Musset, qui va décidément partir, lui adresse cette belle page triste — qu'on est tenté de trouver... littéraire :

Je t'envoie un adieu, ma bien-aimée, et je l'envoie avec confiance, non sans douleur, mais sans désespoir. Les angoisses cruelles, les luttes poignantes, les larmes amères ont fait place en moi à une compagne bien chère : la pâle mélancolie. Ce matin, après une nuit tranquille, je l'ai trouvée au chevet de mon lit, avec un doux sourire sur les lèvres. C'est l'amie qui part avec moi. Elle porte au front ton dernier baiser. Pourquoi craindrais-je de te le dire? N'a-t-il pas été aussi chaste, aussi pur que ta belle âme, ô ma bien-aimée? Tu ne te reprocheras jamais ces deux heures si tristes que nous avons passées; tu en garderas la mémoire. Elles ont versé sur ma plaie un baume salutaire. Tu ne te repentiras pas d'avoir laissé à ton pauvre ami un souvenir qu'il emportera, et que toutes les peines et toutes les joies futures trouveront comme un talisman sur son cœur entre le monde et lui.

Notre amitié est consacrée, mon enfant; elle a reçu hier, devant Dieu, le saint baptême de nos larmes. Elle est immortelle comme lui. Je ne crains plus rien, ni n'espère plus rien. J'ai fini sur la terre. Il ne m'était pas réservé d'avoir un plus grand bonheur. Eh bien, ma sœur chérie, je vais quitter ma patrie, ma mère, mes amis, le monde de ma jeunesse; je vais partir seul, pour toujours, et je remercie Dieu. Celui qui est aimé de toi ne peut plus maudire. George, je puis souffrir encore maintenant, mais je ne puis plus maudire.

Quant à nos rapports à venir, tu décideras seule sur quoi que ce soit qui regarde ma vie; parle, dis un mot, mon enfant, ma vie est à toi. Écris-moi d'aller mourir en silence dans un coin de la terre, à trois cents lieues de toi, j'irai. Consulte ton cœur, si tu crois que Dieu te le dit, tâche de défendre notre pauvre amitié, réserve-toi de pouvoir m'envoyer de temps en temps une poignée de main, un mot, une larme! Hélas! ce sont là tous mes biens. Mais si tu crois devoir sacrifier notre amitié, si mes lettres même hors de France troublent ton bonheur, mon enfant, ou seulement ton repos, n'hésite pas, oublie-moi. Je te le dis, je puis souffrir beaucoup sans me plaindre, à présent, sois heureuse à tout prix. Oh! sois heureuse, bien-aimée de mon âme! Le temps est inexorable, la mort avare ; les dernières années de la jeunesse s'envolent plus rapidement que les premières. Sois heureuse, ou, si tu ne l'es pas, tâche d'oublier qu'on peut l'être. Hier, tu me disais qu'on ne l'était jamais. Que t'ai-je répondu? Je n'en sais rien, hélas! ce n'est pas à moi d'en parler. Les condamnés à mort ne renient point leur Dieu. Sois heureuse, aie du courage, de la patience, de la pitié! Tâche de vaincre un juste orgueil. Rétrécis ton cœur, mon grand George; tu en as trop pour une poitrine humaine. Mais si tu renonces à la vie, si tu te retrouves jamais seule en face du malheur, rappelle-toi le serment que tu m'as fait, ne meurs pas sans moi. Souviens-t'en, souviens-t'en, tu me l'as promis devant Dieu.

Mais je ne mourrai pas, moi, sans avoir fait un livre sur moi et sur toi (sur toi surtout). Non, ma belle, ma sainte fiancée, tu ne te coucheras pas dans cette froide terre sans qu'elle sache qui elle a porté.

Non, non, j'en jure par ma jeunesse et par mon génie, il ne poussera sur ta tombe que des lis sans tache. J'y poserai de ces mains que voilà ton épitaphe en marbre plus pur que les statues de nos gloires d'un jour. La postérité répétera nos noms comme ceux de ces amants immortels qui n'en ont plus qu'un à eux deux, comme Roméo et Juliette, comme Héloïse et Abélard. On ne parlera jamais de l'un sans parler de l'autre. Ce sera là un mariage plus sacré que ceux que font les prêtres, le mariage impérissable et chaste de l'intelligence. Les peuples futurs y reconnaîtront le symbole du seul Dieu qu'ils adoreront. Quelqu'un n'a-t-il pas dit que les révolutions de l'esprit humain avaient toujours des avant-coureurs qui les annonçaient à leur siècle? Eh bien, le siècle de l'intelligence est venu. Elle sort des ruines du monde, cette souveraineté de l'avenir; elle gravera ton portrait et le mien sur une des pierres de son collier. Elle sera le prêtre qui nous bénira, qui nous couchera dans la tombe, comme une mère y couche sa fille le soir de ses noces. Elle écrira nos deux chiffres sur la nouvelle écorce de l'arbre de la vie. Je terminerai ton histoire par mon hymne d'amour. Je ferai un appel, du fond d'un cœur de vingt ans, à tous les enfants de la terre; je sonnerai aux oreilles de ce siècle blasé et corrompu, athée et crapuleux, la trompette des résurrections humaines, que le Christ a laissée au pied de sa croix. Jésus! Jésus! et moi aussi, je suis fils de ton Père; je te rendrai les baisers de ma fiancée; c'est toi qui me l'as envoyée, à travers tant de dangers, tant de courses lointaines, qu'elle a courus pour venir à moi. Je nous ferai, à elle et à moi, une tombe qui sera toujours verte, et peut-être les générations futures répéteront-elles quelques-unes de nos paroles, peut-être béniront-elles un jour ceux qui auront frappé avec le myrte de l'amour aux portes de la liberté[1].

1. L'épître qu'on vient de lire a été publiée par M.*** « Yorick », dans l'*Homme libre* du 13 avril 1877. Paul de Musset, paraît-il, se refusait à y reconnaître le style de son frère. Or, Sainte-Beuve, qui avait eu l'original sous les yeux,

Cette lettre était trop résignée. Pour la première fois, le poète considérait le prestige à venir d'un amour qui le meurtrissait encore. Plus humble était la plainte que lui dictaient jusque-là ses tourments. Elle traduisait sa souffrance sans aucun souci d'art ni de gloire. Un désir satisfait venait-il de lui rendre le repos et l'orgueil ?... Hélas ! il avait cette femme dans l'âme plus que dans la chair...

Il est parti pour Bade le 25 août. Son voyage a duré six jours. A peine installé, il mesure sa solitude, et tout le passé douloureux qui reflue dans son cœur lui dicte ce poignant cri d'amour :

Baden, 1ᵉʳ septembre 1834.

Voilà huit jours que je suis parti, et je ne t'ai pas encore écrit. J'attendais un moment de calme ; il n'y en a plus. Je voulais t'écrire doucement, tranquillement, par une belle matinée, te remercier de l'adieu que tu m'as envoyé. Il est si bon, si triste, si doux, ma chère amie : tu as un cœur d'ange. Je voulais te parler seulement de mon amour. Ah ! George, quel amour ! jamais homme n'a aimé comme je t'aime ! je suis perdu, vois-tu, je suis noyé, inondé d'amour ; je ne sais plus si je

en avait déjà tiré une phrase : « Non, non, j'en jure par ma jeunesse... » pour être placée en épigraphe de la correspondance, quand on la publierait. Inutile d'ajouter qu'elle figure dans la correspondance autographe — qui est en possession de M. de Lovenjoul.

vis, si je mange, si je marche, si je respire, si je parle ;
je sais que j'aime. Ah ! si tu as eu toute la vie une soif
de bonheur inextinguible, si c'est un bonheur d'être
aimée, si tu l'as jamais demandé au Ciel, oh toi, ma
vie, mon bien, ma bien-aimée, regarde le soleil, les
fleurs, la verdure, le monde ! Tu es aimée, dis-toi cela,
autant que Dieu peut être aimé par ses lévites, par ses
amants, par ses martyrs. Je t'aime, ô ma chair et mon
sang ! Je meurs d'amour, d'un amour sans fin, sans
nom, insensé, désespéré, perdu ! Tu es aimée, adorée,
idolâtrée, jusqu'à en mourir ! Eh non, je ne guérirai
pas ! Eh non, je n'essayerai pas de vivre, et j'aime mieux
cela ; et mourir en t'aimant, vaut mieux que de vivre.
Je me soucie bien de ce qu'ils en diront. Ils disent que
tu as un autre amant, je le sais bien, j'en meurs, mais
j'aime, j'aime, j'aime ! qu'ils m'empêchent d'aimer !

Vois-tu, lorsque je suis parti, je n'ai pas pu souffrir ;
il n'y avait pas de place dans mon cœur. Je t'avais tenue
dans mes bras, ô mon corps adoré ! Je t'avais pressée
sur cette blessure chérie ! Je suis parti sans savoir ce
que je faisais. Je ne sais si ma mère était triste ; je
crois que non. Je l'ai embrassée, je suis parti, je n'ai
rien dit. J'avais le souffle de tes lèvres sur les miennes,
je te respirais encore. Ah, George ! tu as été heureuse
et tranquille là-bas, tu n'as rien perdu. Mais sais-tu ce
que c'est d'attendre un baiser cinq mois ? Sais-tu ce que
c'est, pour un pauvre cœur qui a senti pendant cinq
mois, jour par jour, heure par heure, la vie l'abandonner, le froid de la tombe descendre lentement dans
la solitude, la mort et l'oubli tomber goutte à goutte,
comme la neige ? Sais-tu ce que c'est pour un cœur
serré jusqu'à cesser de battre, de se dilater un moment, de se rouvrir comme une pauvre fleur mourante,
et de boire encore une goutte de rosée vivifiante ? Oh,
mon Dieu ! je le sentais bien, je le savais, il ne fallait

pas nous revoir. Maintenant c'est fini. Je m'étais dit qu'il fallait revivre, qu'il fallait prendre un autre amour, oublier le tien, avoir du courage. J'essayais, je tentais du moins. Mais maintenant, écoute, j'aime mieux ma souffrance que la vie. Tu m'as permis de t'aimer, vois-tu. Tu te rétracterais que cela ne servirait à rien. Tu veux bien que je t'aime; ton cœur le veut, tu ne diras pas le contraire; et moi je suis perdu, vois-tu, je ne réponds plus de rien.

Qu'est-ce que je viens faire, dis-moi, là ou là? Qu'est-ce que cela me fait tous ces arbres, toutes ces montagnes, tous ces Allemands qui passent sans me comprendre, avec leur galimatias? Qu'est-ce que c'est que cette chambre d'auberge? Ils disent que cela est beau, que la vie est charmante, la promenade agréable, que les femmes dansent, que les hommes fument, boivent, chantent, et les chevaux s'en vont en galopant. Ce n'est pas la vie tout cela, c'est le bruit de la vie. Écoute, George, plus rien, je t'en prie. Pas un mot pour me dissuader : pas de consolations, de jeunesse, de gloire, d'avenir, d'espérance, pas de conseils, pas de reproches. Tout cela me fait penser que je suis jeune, que j'ai cru au bonheur, que j'ai une mère. Tout cela me donne envie de pleurer, et je n'ai plus de larmes. Je ne suis pas un fou, tu le sais. Je lutterai tant que je pourrai; j'ai de la force encore. Mais de la force, mon Dieu, à quoi sert d'en avoir quand elle se tourne elle-même contre l'homme? Rien, rien! Je t'en supplie, ne me fais pas souffrir, ne me rappelle pas à la vie. Je te promets, je te jure de lutter, si je puis. Ne me dis pas que je t'écris dans un moment de fièvre ou de délire, que je me calmerai; voilà huit jours que j'attends un quart d'heure de calme, un seul moment pour t'écrire. Je le sais bien que je suis jeune, que j'ai fait naître des espérances dans quelques cœurs aimants; je sais bien qu'ils ont tous raison; n'ai-je pas fait ce que je devais? Je suis parti, j'ai tout quitté; qu'ont-ils à dire? Le reste me regarde. Il serait trop cruel de venir dire à un malheureux qui meurt d'amour qu'il a tort de mourir. Les taureaux blessés dans le cirque ont la permission d'aller se coucher dans un coin avec l'épée du matador dans l'épaule, et de finir en paix. Ainsi, je t'en supplie, pas un mot. Écoute : tout cela ne fera pas que tu prennes ta robe de voyage, un cheval et une petite voiture, et que tu viennes. J'aurai beau regarder, me voilà assis devant cette petite table, au milieu de tes lettres, avec ton portrait que j'ai emporté. Tu me dis que nous nous reverrons, que tu ne mourras pas sans m'embrasser. Tu vois que je souffre, tu pleures avec moi, tu me laisses emporter de douces illusions. Tu me parles de nous retrouver. Tout cela est bon, mon ange, tout cela est doux. Dieu te le rendra. Mais j'aurai beau regarder ma porte, tu ne viendras pas y frapper, n'est-ce pas? Tu ne prendras pas un morceau de papier grand comme la main, et tu n'écriras pas dessus : « Viens! » Il y a entre nous je ne sais quelles phrases, je ne sais quels devoirs, je ne sais quels événements; il y a entre nous cent cinquante lieues. Eh bien, tout cela est parfait, il n'y en a pas si long à dire. Je ne peux pas vivre sans toi, voilà tout. Combien tout cela durera encore, je n'en sais rien. J'aurais voulu faire ce livre, mais il aurait fallu que je connusse en détail et par époque, l'histoire de ta vie. Je connais ton caractère, mais je ne connais ta vie que confusément. Je ne sais pas tout, et ce que je sais, je le sais mal. Il aurait fallu que je te visse, que tu me racontasses tout cela. Si tu avais voulu, j'aurais loué aux environs de Moulins ou de Châteauroux un grenier, une table et un lit. Je m'y serais enfermé. Tu serais venue m'y voir une ou deux fois seule, à cheval; moi, je n'aurais vu âme qui vive.

J'aurais écrit, pleuré. On m'aurait cru en Allemagne. Il y aurait eu là quelques beaux moments. Tu n'aurais cru trahir personne, j'espère. Tu m'as vu mourant d'amour dans tes bras, la dernière fois; as-tu rien eu à te reprocher? Mais tous les rêves que je peux faire sont des chimères; il n'y a de vrai que les phrases, les devoirs et les choses. Tout est bien, tout est mieux ainsi.

O ma fiancée, je te demande encore pourtant quelque chose. Sors un beau soir au soleil couchant, seule. Va dans la campagne, assieds-toi sur l'herbe, sous quelque saule vert. Regarde l'Occident et pense à ton enfant qui va mourir. Tâche d'oublier le reste : relis mes lettres, si tu les as, ou mon petit livre. Pense, laisse aller ton bon cœur, donne-moi une larme, et puis rentre chez toi doucement, allume ta lampe, prends ta plume, donne une heure à ton pauvre ami. Donne-moi tout ce qu'il y a pour moi dans ton cœur; efforce-toi plutôt un peu.

Ce n'est pas un crime, mon enfant. Tu peux m'en dire même plus que tu n'en sentiras; je n'en saurai rien. Ce ne peut pas être un crime. Je suis perdu. Mais qu'il n'y ait rien autre dans ta lettre que ton amitié pour moi, que ton amour, George; ne l'appelles-tu pas de l'amour? Écris à BADEN (GRAND-DUCHÉ), POSTE RESTANTE. Affranchis jusqu'à la frontière, et mets : PRÈS STRASBOURG. C'est à douze lieues de Strasbourg. Je n'irai ni plus près ni plus loin; mais que j'aie une lettre où il n'y ait rien que ton amour; et dis-moi que tu me donnes tes lèvres, tes dents, tes cheveux, tout cela, cette tête que j'ai eue, et que tu m'embrasses, toi, moi! O Dieu, ô Dieu! quand j'y pense, ma gorge se serre, mes yeux se troublent, mes genoux chancellent. Ah! il est horrible de mourir, il est horrible d'aimer ainsi. Quelle soif, mon George, ô quelle soif j'ai de toi! Je t'en prie, que j'aie cette lettre. Je me meurs. Adieu.

A Baden (Grand-Duché), près Strasbourg, poste restante.

O ma vie, ma vie, je te serre sur mon cœur, ô mon George, ma belle maîtresse, mon premier, mon dernier amour.

Où en était George Sand, à l'heure où son ami lui envoyait cet appel égaré?

Leur tendre et dernier adieu de Paris, qui avait d'abord apaisé le poète, l'avait passionnément exaltée. Le 29 août, elle rentrait à Nohant, éperdue d'amour et de désespoir. — « Viens me voir, écrivait-elle à Gustave Papet, je suis dans une douleur affreuse. Viens me donner une éloquente poignée de main, mon pauvre ami... » Elle ne dissimulait point sa blessure. Si elle guérissait, elle se réfugierait dans l'amitié, négligée trop longtemps.

Pour la première fois, ses enfants ne lui faisaient pas tout oublier. Bientôt la vie lui apparaissait intolérable. Et elle confiait à Boucoiran (lettre du 31 août) des pensées de suicide : « Vous avez dû le comprendre et le deviner, ma vie est odieuse, perdue, impossible, et je veux en finir absolument avant peu. Nous en reparlerons... J'aurai à causer longuement avec vous et à vous charger de l'exécution de volontés sacrées. Ne me sermonnez pas d'avance...

quand je vous aurai fait connaître l'état de mon cerveau et de mon cœur, vous direz avec moi qu'il y aurait paresse et lâcheté à essayer de vivre quand je devrais en avoir déjà fini. » Puis elle lui « confie et lui lègue Pagello, un brave et digne homme de sa trempe »[1].

Cette crise dure quelques jours. Musset qui comptait travailler à Bade, qui avait promis à Buloz un roman et des vers[2], continue de se désoler. Sa plainte du 1ᵉʳ septembre arrive à Nohant. Et, — comme jadis à Venise la lettre si longtemps attendue de Genève, — cette vivante preuve d'un invincible amour calme la passion de George et la guérit du désespoir.

A ces doléances sublimes, attendrissantes à force de chagrin sincère, qu'elle a reçues de son ami, elle répond, au crayon, sur un album, — d'un petit bois où elle se promène, — par une lettre toute raisonnable, et sans aucun vestige de sa folie récente. Elle lui reproche d'exprimer de la passion et non plus ce saint enthousiasme, cette amitié pure... Pagello lui-même est jaloux. Il faut se séparer tous les trois. « Ne m'aime plus : je ne vaux plus rien... Il faut donc nous quitter, puisque

---

1. *Correspondance*, I, p. 279.
2. *Lettre* du 18 août. — Cf. M. Clouard, article cité, p. 730.

tu arrives à te persuader que tu ne peux guérir de cet amour pour moi, qui te fait tant de mal, et que tu as pourtant si solennellement abjuré à Venise, avant et même encore après ta maladie. Adieu donc le beau poème de notre amitié sainte et de ce lien idéal qui s'était formé entre nous trois, lorsque tu *lui* arrachas à Venise l'aveu de son amour pour moi et qu'il jura de me rendre heureuse. » Et elle ajoute que lui-même, il a uni *leurs* mains malgré *eux*[1]...

Cette lettre a désolé Musset, qui la lui renvoie comme elle l'exige. Il n'a jamais vu aussi clairement, lui dit-il, combien il est peu de chose dans sa vie. Mais, il la sait, au fond, plus malheureuse encore qu'indifférente :

...Il faut, ma pauvre amie, que ton cœur soit bien malade, et ne crois pas que je sois moi-même de force à t'adresser un reproche. Il faut que tu souffres beaucoup pour que tu n'aies même plus une larme pour moi, et pour qu'en face de Dieu tu manques à la parole qui, *depuis trente ans*, disais-tu, *n'a pas encore été faussée*. Elle le sera donc une fois, et j'aurai perdu le seul jour de bonheur qui me restait encore. Qu'il en soit ce qui plaît à Dieu ou à l'Esprit du Mort. Car, à vingt-deux ans, sans avoir jamais fait de mal à personne, en être où je suis, et recevoir ainsi constamment, jour par jour, un nouveau coup de pierre sur la tête, c'est trop.

1. Nous avons donné le passage, *Introduction*, p. VI.

... Que crois-tu donc m'apprendre, mon enfant, en me disant qu'un soupçon jaloux tue l'amour dans ton cœur? Qui crois-tu donc que j'aime? Toi ou une autre? Tu t'appelles *insensible, un être stérile et maudit?* Tu te demandes si tu n'es pas un monstre d'avoir le cœur fait comme tu l'as, et tu me dis de frémir en songeant de quels abîmes je suis sorti. Eh! mon amie, me voilà ici, à Baden, à deux pas de la Maison de Conversation. Je n'ai qu'à mettre mes souliers et mon habit pour aller faire autant de déclarations d'amour que j'en voudrais à autant de jolies petites poupées qui ne me recevront peut-être pas toutes mal; qui, à coup sûr, sont fort jolies, et qui, plus certainement encore, ne quittent pas leur amant, parce qu'elles ne veulent pas se voir méconnaître. Quoi que tu fasses ou quoi que tu dises, morte ou vive, sache que je t'aime, entends-tu, toi et non une autre. « *Aime-moi dans le passé*, me dis-tu, *mais non telle que je suis dans le présent.* » George, George, tu sauras que la femme que j'aime est celle des rochers de *Franchart*, mais que c'est aussi celle de Venise, et celle-là, certes, ne m'apprend rien, quand elle me dit qu'on ne l'offense pas impunément.

... Je n'ai plus rien dans la tête ni dans le cœur. Je crois que je vais revenir à Paris pour peu de temps... Je souffre, et à quoi bon? Ta lettre m'a fait un mal cruel. George! Ah mon enfant, pourquoi? Mais que sert de gémir? Tu me dis que tu m'écris afin que je ne prenne aucune idée de rapprochement entre nous. Eh bien, écoute, adieu, n'écrivons plus... Tout cela, vois-tu, est horrible, au bout du compte. Tu souffres, toi aussi. Je te plains, mon enfant; mais puisqu'il est vrai que je ne peux rien pour toi, eh bien, alors, si notre amitié s'envole au moment où tu souffres et où tu es seule, qu'est-ce que tout cela? Je ne t'en veux pas, je te le répète. Adieu. Je ne sais où je serai; n'écris pas, je ne puis savoir.

Je relis cette lettre et je vois que c'est un adieu. O mon Dieu, toujours des adieux. Quelle vie est-ce donc? Mourir sans cesse! Oh mon cœur, mon amour, je ne t'en veux pas de cette lettre-ci; mais pourquoi m'as-tu écrit l'autre? cette fatale promesse! Maudit soit Dieu! J'espérais encore; ah! malheur et malheur. C'est trop!

Pagello était allé voir Musset avant son départ pour Baden. Il l'avait trouvé lisant une lettre d'Elle. — George vient d'écrire à Alfred que Pagello souffrit alors de jalousie, et lui reprocha certaine phrase passionnée qu'il disait y avoir surprise. Or cette phrase n'était que dans son imagination. Musset répond à son amie que personne n'a rien pu voir de sa lettre tandis qu'il la lisait. D'ailleurs s'il revient sur ce sot incident, c'est « qu'elle a rompu » avec cet homme... Mais a-t-elle bien rompu? Ne lui parle-t-elle pas des souffrances de Pagello?...

... Que je revienne à Paris, cela te choquera peut-être, et *Lui* aussi. J'avoue que je n'en suis plus à ménager personne. S'il souffre, lui, eh bien, qu'il souffre, ce Vénitien qui m'a appris à souffrir. Je lui rends sa leçon; il me l'avait donnée en maître. Quant à toi, te voilà prévenue, et je te rends tes propres paroles : « *Je t'écris cela, afin que si tu vinsses à apprendre mon retour, tu n'en prisses aucune idée de rapprochement avec moi.* » Cela est-il dur? Peut-être. Il y a une région dans l'âme, vois-tu, lorsque la douleur y entre, la pitié en sort. Qu'il souffre! Il te possède. Puisque ta parole m'est retirée; puisqu'il est bien clair que toute cette amitié, toutes ces promesses, au lieu d'amener une consolation sainte et douce au jour de la douleur, tombent net devant elle ; eh bien, puisque je perds tout, adieu les larmes ; adieu, non, pas d'adieu, l'amour. Je mourrai en t'aimant. Mais adieu la vie, adieu l'amitié, la pitié. O mon Dieu ! Est-ce ainsi ? J'en aurai profité pour le ciel. En fermant cette lettre, il me semble que c'est mon cœur que je ferme. Je le sens qui se resserre et s'ossifie. Adieu. (*Lettre de Baden, 15 septembre.*)

La fin de ce mois de septembre ne fut que tristesses pour tous les trois. Au commencement d'octobre, George Sand rentrait de Nohant, et Musset lui-même arrivait le 13 à Paris. Sa pensée unique restait à son amie, et son premier soin était de lui demander de la revoir :

Mon amour, me voilà ici. Tu m'as écrit une lettre bien triste, mon pauvre ange, et j'arrive bien triste aussi. Tu veux bien que nous nous voyions. Et moi, si je le veux ! Mais ne crains pas de moi, mon enfant, la moindre parole, la moindre chose, qui puisse te faire souffrir un instant. Voyons-nous, ma chère âme, et tu auras toute confiance, et tu sauras jusqu'à quel point je suis à toi, corps et âme. Tu verras qu'il n'y a plus pour moi ni douleur, ni désir, du moment qu'il s'agit de toi. Fie-toi à moi, George. Dieu sais que je ne te ferai jamais de mal. Reçois-moi, pleurons ou rions ensemble ; parlons du passé ou de l'avenir, de la mort ou de la vie, de l'espérance ou de la douleur. Je ne suis plus rien, que ce que tu me feras. Ainsi, un mot. Dis-moi ton heure. Sera-ce ce soir ? Demain ? Quand tu voudras, quand tu auras une heure, un instant à perdre. Réponds-moi une ligne. Si c'est ce soir, tant mieux.

Si c'est dans un mois, j'y serai. Ce sera quand tu n'auras rien à faire. Moi, je n'ai à faire que de t'aimer.

Ton frère

ALFRED.

— Cette utopie que tous trois auraient acceptée, d'une amitié vaguement amoureuse, n'est guère précisée que dans les lettres de George Sand. Ni Pagello, dans son journal, ni Musset, dans ses lettres, ses romans et ses vers, ne paraissent y avoir souscrit aussi résolument.

Pagello ne fait même aucune allusion, dans son mémorial sincère, aux égards que son amie prétend lui avoir témoignés quand elle a voulu revoir le poète. Bien mieux, nous n'y trouvons mentionnée qu'une rencontre avec George Sand, depuis leur arrivée à Paris... Reprenons-le où nous l'avions coupé :

— Nous en étions à prendre congé l'un de l'autre pour nous revoir dans trois mois, mais elle croyait que peut-être nous ne nous reverrions plus et, sans manifester ce doute qui dans ce moment lui était pénible, elle redoubla avec moi de courtoisies et d'offres, me priant de ne pas abandonner aussitôt l'occasion que je trouvais à Paris de cultiver les études de ma profession. Aucune mère n'aurait parlé avec une affection plus raisonnée. J'en fus touché au fond de l'âme.

Pour faire ce voyage, j'avais recueilli le peu d'argent que j'avais pu et vendu quelques objets précieux. De plus, j'avais expédié d'avance à Paris quatre tableaux à l'huile de Zucarelli pour les vendre et pouvoir demeurer

quelques mois dans la capitale de la France. — George
Sand, avec son exquise courtoisie, me dit alors : « Les
tableaux partiront avec moi demain pour la Châtre où
un amateur de mes amis en fera sûrement l'acquisition,
aussi je te prie de me laisser le soin de cette affaire et
de vivre tranquille. Dans peu de jours, mon excellent
Boucoiran, que je te laisse en place de frère, t'en comp-
tera l'argent. » Je répondis à tout cela par une poignée
de main qui fut comprise comme le plus éloquent discours. Le matin suivant, Boucoiran frappait à ma porte
et me trouvait préparé à le suivre au secrétariat de
l'Hôtel-Dieu. On me délivra un permis de pratique pour
tous les grands hôpitaux de Paris. Ayant visité l'Hôtel-Dieu
et ensuite la Charité, où je fus présenté à Lisfranc, qui
m'accueillit avec grande courtoisie, j'allai avec mon Mentor faire une visite d'un autre genre à M. Buloz, Savoyard,
directeur de la *Revue des Deux Mondes*. Boucoiran
portait un gros paquet et il le lui remit; c'était le second
volume de *Jacques*, écrit chez moi à Venise. « Elle est
donc arrivée? dit Buloz. — Oui, répondit Boucoiran, —
Depuis quand? — Depuis deux jours. — Cette diablesse
de femme me fait devenir fou; voici un volume que
j'attends depuis un mois! Mais on m'a dit qu'elle s'était
entortillée dans un nouvel amour avec un comte italien. »
Boucoiran sourit et moi je rougis. Buloz demeura comme
une statue; pendant ce temps-là, je me détournai pour
regarder quelques estampes qui ornaient la pièce, et
Boucoiran dit quelques mots à l'oreille de Buloz; après
quoi celui-ci, qui m'avait à peine remarqué, prit ses
lunettes et, me regardant avec discrétion et courtoisie
du seul œil qui lui restait, me fit les plus gracieuses
questions, les offres les plus courtoises, et finit par me
donner une carte avec laquelle je pouvais entrer, en
qualité de journaliste, dans quelque théâtre ou spectacle
que ce fût. Je la mis dans ma poche en le remerciant;

puis je pris congé, en souriant de mon importance littéraire. La carte équivalait à une nomination de journaliste.

Buloz est une célébrité connue de tout Paris ainsi que des deux mondes où rayonne son fameux journal. Ici je ne puis m'abstenir de signaler ce qui me fut le plus agréable : qu'il m'ait offert de travailler à sa revue, me sachant collaborateur de George Sand pour les *Lettres d'un voyageur*. Il me donna de curieux éclaircissements sur le groupe littéraire qu'il présidait. Je lui reconnus un tact très fin, des manières franches, un excellent cœur et un rare bon sens.

... Je vous jure que Buloz, à son bureau, est un véritable impresario d'opéra. Il a ses ténors, ses *prime donne*, ses *contralti*, ses basses, ses secondes parties et ses chœurs, c'est une joie que de voir cet homme s'agiter avec sa *virtuose canaille* et suivant les convenances particulières de chacun. Ils sont excellemment payés selon leur catégorie, mais ils sont presque tous en dette de travaux.

La table de Buloz est toujours couverte de lettres, de billets, de sollicitations de toute sorte, pour de l'argent, de l'argent, de l'argent, et cela contre la seule garantie de l'argument d'un article, d'une histoire, d'un récit encore gisant dans l'esprit de l'auteur, — qui promet de le livrer dans quinze jours, un mois, un an... Je me suis convaincu qu'en général il vaut mieux connaître de loin les célébrités littéraires : j'ai su des choses à confondre, sur la vie privée de ces monstres de grands hommes. Figurez-vous Chateaubriand, le plus grand, le plus moral des poètes français de ce siècle : il joue et il perd dans une nuit, par anticipation, une édition nouvelle de ses œuvres... Il se fait bâtir une maison délicieuse, tout incrustée de marbres rapportés de Grèce : il la perd également au jeu.

Et connaissez-vous les désordres financiers de Lamarline?... Je vous dis qu'à peu près tous sont dans le même genre.

Je trouvai à Paris une paix dont je ne jouissais pas depuis longtemps. Boucoiran fut mon mentor et mon ange tutélaire. Huet, Lisfranc, Amussat, trois illustres médecins, me prodiguèrent les amabilités et m'aidèrent à acquérir de nouvelles lumières dans les sciences médicales. Et de funestes pensées survenaient pour me travailler l'esprit, lorsque de ce monde bruyant et agité je passais dans la solitude de ma chambrette, le portrait de ma mère m'inspirait des paroles d'inexprimable consolation et je trouvais le courage de défier ma pauvreté et mon ténébreux avenir.

Peu de temps après, une lettre de George Sand m'annonçait la vente de mes tableaux pour 1 500 francs. Je crus être devenu un Rothschild, et dans l'extase de la joie je courus me procurer une boîte d'instruments de chirurgie avec quelques livres nouveaux pour mon état. Un nouvel envoi de 500 francs qu'elle me fit quelques jours après, me mit en mesure de vivre sobrement pendant un mois encore, réservant les 500 francs supplémentaires qu'elle-même devait m'apporter pour retourner à Venise. Le temps, qui est un grand honnête homme, amena le jour redouté et désiré par moi du retour de la Sand à Paris. J'eus d'elle les autres 500 francs, je préparai mon bagage, et, deux jours après, j'allai chez George Sand où Boucoiran m'attendait. Nos adieux furent muets ; je lui serrai la main sans pouvoir la regarder. Elle était comme perplexe : je ne sais pas si elle souffrait ; ma présence l'embarrassait. Il l'ennuyait, cet Italien qui, avec son simple bon sens, abattait la sublimité incomprise dont elle avait coutume d'envelopper la lassitude de ses amours. Je lui avais déjà fait connaître que j'avais profondément sondé son cœur plein de qualités excellentes, obscurcies par beaucoup de défauts. Cette connaissance de ma part ne pouvait que lui donner du dépit, ce qui me fit abréger, autant que je pus, la visite. J'embrassai ses enfants et je pris le bras de Boucoiran qui m'accompagna et me laissa au point où vous m'avez trouvé.

Pagello quitta Paris le 23 octobre, convaincu que la situation était insoutenable. Un invincible renouveau d'amour avait surgi pour George Sand et Musset. Elle, pourtant, n'avait cessé d'estimer, d'aimer peut-être Pagello, dans ce cœur double par générosité qui ne pouvait se résoudre à sacrifier l'un ou l'autre, les faisant tous deux malheureux. « Tout de moi *le* blesse et l'irrite, écrivait-elle au poète, et, faut-il te le dire? il part et je ne le retiendrai pas, parce que je suis offensée jusqu'au fond de l'âme, de ce qu'il m'écrit, et que, je le sens bien, il n'a plus la foi et par conséquent il n'a plus d'amour. Je le verrai s'il est encore à Paris; je vais y retourner dans l'intention de le consoler; me justifier, non; le retenir non... Et pourtant je l'aimais sincèrement et sérieusement, cet homme généreux, aussi romanesque que moi et que je croyais plus fort que moi. »

Dans sa solitude morale, Pagello s'était souvenu d'Alfred Tattet, l'ami de Musset, qui, à Venise, était devenu un peu son ami. Il lui avait écrit le 6 septembre, quel vif désir il avait de le revoir et de l'embrasser. Ils se rencontrèrent, Pagello lui ouvrit son cœur simple, et à la veille de retourner à ses lagunes, il lui adressa ce billet d'adieu : « Mon bon ami, avant de partir, je vous envoie encore un baiser. Je vous conjure de ne souffler jamais mot de mon amour avec la George. — Je ne veux pas de vengeances. — Je pars avec la certitude d'avoir agi en honnête homme. — Ceci me fait oublier ma souffrance et ma pauvreté. — Adieu, mon ange. — Je vous écrirai de Venise. — Adieu, adieu. »

Il vécut tranquille à Venise, considérant de loin le sillage de gloire qui suivait à travers le siècle celle qui avait été son amie d'un jour. Des relations cordiales mais lointaines s'établirent entre George Sand et lui. « Jeunette encore, m'écrit Mme Antonini, quand je m'exerçais dans la langue française, il me souvient d'avoir écrit sous la dictée de mon père à George Sand, et que celle-ci fut toujours des mieux disposées pour tous ceux que lui recommandait son ami Pagello, parmi lesquels Daniel Manin. » — Les plus ardents souvenirs de Lélia cédaient toujours devant son impérieux besoin d'amitié : sa bonté d'instinct, comme son génie, étaient des forces de la nature.

VIII

Musset n'a pas attendu le départ de Pagello pour revenir à George Sand. Entièrement repris par elle, repentant, généreux, séduisant et soumis, il a su l'attendrir. Voici qu'il ne peut s'en passer.

Telle est l'emprise de l'amour sur tout son être que, devant la chère présence, il ne s'appartient plus. Dominée par une impatience de jouir profonde et désespérée, sa pauvre âme d'enfant perdu consumé d'incurable tendresse, s'agite dans un long tourment. Il a fait sa religion du sentiment qui règne sur sa vie. La volonté n'existe plus en lui que pour l'amour. Son orgueil contrarié sans cesse dans le souhait unique de son cœur, y met une détresse constante. Impétueux, même imprudent, pour sa passion dévastatrice, il est pour tout le reste plus faible qu'une femme. Un sentiment inné de l'honneur, du devoir, guide toujours son âme. Mais tout ce qui n'est pas son amour ne retient plus sa pensée ; mais plus rien, hors son espérance, ne lui fait estimer la vie.

Pour le moment, il est heureux : il a retrouvé sa maîtresse. Un long bonheur est-il possible? Le cruel passé, le passé qui ne peut s'abolir, va sans tarder empoisonner leurs joies.

Écoutons la femme se plaindre, pardonner, pleurer, s'égarer... et se donner raison :

J'en étais bien sûre, que ces reproches-là viendraient dès le lendemain du bonheur rêvé et promis, et que tu me ferais un crime de ce que tu avais accepté comme un droit. En sommes-nous déjà là, mon Dieu ! Eh bien, n'allons pas plus loin, laisse-moi partir. Je le voulais hier. C'était un éternel adieu résolu dans mon esprit. Rappelle-toi ton désespoir et tout ce que tu m'as dit pour me faire croire que je t'étais nécessaire, que sans moi tu étais perdu. Et encore une fois, j'ai été assez folle pour vouloir te sauver ; mais tu es plus perdu qu'auparavant puisque, à peine satisfait, c'est contre moi que tu tournes ton désespoir et ta colère.

...Le temps où nous sommes redevenus frère et sœur a été chaste comme la fraternité réelle, et à présent que je redeviens ta maîtresse, tu ne dois pas m'arracher ces voiles dont j'ai vis-à-vis de Pierre et vis-à-vis de moi-même le devoir de rester enveloppée. Crois-tu que s'il m'eût interrogée sur les secrets de notre oreiller, je lui eusse répondu? Crois-tu que mon frère eût bon goût de m'interroger sur toi? — Mais tu n'es plus mon frère, dis-tu? Hélas! hélas! n'as-tu pas compris mes répugnances à reprendre ce lien fatal! Ne t'ai-je pas dit tout ce qui nous arrive! N'ai-je pas prévu que tu souffrirais de ce passé qui t'exaltait comme un beau poème, tant que je me refusais à toi, et qui ne te paraît plus qu'un cauchemar à présent que tu me ressaisis comme une proie? Voyons, laisse-moi donc partir. Nous allons être plus malheureux que jamais. Si je suis galante et perfide comme tu sembles me le dire, pourquoi t'acharnes-tu à me reprendre et à me garder? Je ne voulais plus aimer, j'avais trop souffert. Ah! si j'étais une coquette, tu serais moins malheureux. Il faudrait te mentir, te dire : « Je n'ai pas aimé Pierre, je ne lui ai jamais appartenu. » Qui m'empêcherait de te le faire croire? C'est parce que j'ai été sincère que tu es au supplice [1].

Dès la première reprise la pauvre femme était blessée; mais elle songeait à Venise et sentait bien qu'elle ne pourrait maintenir sa rigueur. En se retrouvant seul, Lui retrouvait soudain le désespoir. Et en même temps qu'elle lui envoyait ces reproches plaintifs, son pauvre amant lui demandait pardon. — Qu'a-t-il pu dire! Quelle triste folie! Il ne sait donc pas être heureux!... — Elle veut rentrer à Nohant?... Est-ce possible que tout soit fini! — Écoutons ce touchant désespoir.

1. A partir de ce mois d'octobre 1834, aucune de leurs lettres n'est datée.

... Mon enfant, mon enfant, que je suis coupable envers toi! Que de mal je t'ai fait cette nuit! oh, je le sais : et toi, toi, voudrais-tu m'en punir? O ma vie, ma bien-aimée, que je suis un malheureux, que je suis fou, que je suis stupide, ingrat, brutal! Tu es triste, cher ange, et je ne sais pas respecter ta tristesse. Tu me dis un mot qui m'afflige, et je ne sais pas me taire, je ne sais pas sourire, je ne sais pas te dire que mille larmes, que mille affreux tourments, que les plus affreux malheurs peuvent tomber sur moi, que je peux les souffrir, et qu'ils n'ont qu'à attendre un sourire, un baiser de toi pour disparaître comme un songe. O mon enfant, mon âme! Je t'ai poussée, je t'ai fatiguée, quand je devais passer les journées et les nuits à tes pieds, à attendre qu'il tombe une larme de tes beaux yeux pour la boire, à te regarder en silence, à respecter tout ce qu'il y a de douleur dans ton cœur, quand ta douleur devrait être pour moi un enfant chéri, que je bercerais doucement. O George, George! Écoute, ne pense pas au passé, non, non! Au nom du ciel, ne compare pas, ne réfléchis pas. Je t'aime comme on n'a jamais aimé. Oh, ma vie, attends, attends, je t'en supplie, ne me condamne pas. Laisse faire le temps. Écris-moi plutôt de ne pas te revoir pendant huit jours, pendant un mois, que sais-je? A Dieu! Si je te perdais! Ma pauvre raison n'y tient pas. Mon enfant, punis-moi, je t'en prie. Je suis un fou misérable; je mérite ta colère. Bannis-moi de ta présence pendant un temps; tu n'es pas assez forte toi-même pour m'aimer encore. Et moi, et moi, je t'aime tant! Oh, que je souffre, amie! Quelle nuit je vais passer! Oh, dis-toi cela, au nom du ciel, au nom de ta grand'-mère, de ton fils, dis-toi que j'aime; crois-le, mon enfant. Punis-moi, ne me condamne pas. Tiens, je ne sais ce que je dis, je suis au désespoir. Je t'ai offensée, affligée; je t'ai fatiguée; comme je t'ai quittée; oh, insensé! Et quand j'ai eu fait trois pas, j'ai cru que j'allais tomber. Ma vie, mon bien suprême, pardon, oh! pardon à genoux! Ah! pense à ces beaux jours que j'ai là dans le cœur, qui viennent, qui se lèvent, que je sens là! Pense au bonheur! Hélas, hélas, si l'amour l'a jamais donné! George, je n'ai jamais souffert ainsi. Un mot, non pas un pardon : je ne le mérite pas. Mais dis seulement : *J'attendrai*. Et moi, Dieu du ciel, il y a sept mois que j'attends, je puis en attendre encore bien d'autres. Ma vie, doutes-tu de mon pauvre amour? O mon enfant, crois-y, ou j'en mourrai.

Tant d'émotions brisent. Elle a pardonné; mais le voici malade. « — J'ai une fièvre de cheval... Comment donc faire pour te voir? » Il est chez sa mère. Papet ou Rollinat pourraient entrer d'abord, puis l'introduire, elle, « quand il n'y aurait personne ».

George Sand a entendu l'appel de « son pauvre enfant »; elle ira le soigner si sa mère ne s'y oppose. Mais comment s'y prendre? « — Je peux mettre un tablier et un bonnet à Sophie. Ta sœur ne me connaît pas; ta mère ferait semblant de ne pas me reconnaître, et je passerais pour une garde. Laisse-moi te veiller cette nuit, je t'en supplie. » — Mme Lardin de Musset m'a conté que George Sand était venue, en effet, sous le costume de sa servante et qu'elle avait veillé son frère maternellement.

Alfred Tattet avait déconseillé Musset de renouer des relations qui brûlaient sa vie. Ne parvenant pas à le persuader, il cessa de le voir. Musset n'aimait point les observations; il tenait, néanmoins, à l'affection de son vieil ami. Le 28 octobre, G. Sand écrit à Alfred Tattet : « J'apprends que j'ai été la cause indirecte et très involontaire d'un différend entre vous et Alfred. » Elle serait fâchée qu'il en fût ainsi, et l'engage à venir causer. — Vraisemblablement, Tattet invoqua des prétextes pour ne pas s'y rendre, et Musset en eut du dépit.

Mais on clabaudait sur la réconciliation des deux amants. Gustave Planche recommençait les potins de l'été. Musset le provoqua en duel.

Il lui envoya, le 8 novembre, ce billet catégorique :

> Monsieur,
>
> Il m'est revenu par plusieurs personnes que vous aviez tenu sur mon compte des propos d'une nature telle que je ne peux ni ne veux les laisser passer.
>
> Je désire savoir par vous-même si cela est vrai, afin de lui donner la suite qui me conviendra.
>
> Je vous salue.
>
> Vicomte ALFRED DE MUSSET.
>
> Quai Malaquais, n° 19.

Planche nia ces propos. Le poète lui écrivit (10 novembre) qu'il se contentait de son désaveu.

Nous voilà informés que Musset habitait alors chez George Sand; ils étaient pleinement réconciliés.

Ce bonheur fut encore de peu de durée. Écoutons les pauvres amants se lamenter sur leur impuissance à conserver la paix :

De Lui à Elle : Le bonheur, le bonheur, et la Mort après, la Mort avec. Oui, tu me pardonnes, tu m'aimes. Tu vis, ô mon âme, tu seras heureuse! Oui, par Dieu, heureuse, pour moi. Eh oui, j'ai vingt-trois ans, et pourquoi les ai-je? Pourquoi suis-je dans la force de l'âge, sinon pour te verser ma vie, pour que tu la boives sur mes lèvres.

Ce soir, à dix heures, et compte que j'y serai plus tôt. Viens, dès que tu pourras. Viens pour que je me mette à genoux, pour que je te demande de vivre, d'aimer, de pardonner!

Ce soir! ce soir!

6 heures.

D'Elle à Lui : Pourquoi nous sommes-nous quittés si tristes? nous verrons-nous ce soir? pouvons-nous être heureux? pouvons-nous nous aimer? Tu as dit que oui, et j'essaye de le croire. Mais il me semble qu'il n'y a pas de suite dans tes idées, et qu'à la moindre souffrance, tu t'indignes contre moi, comme contre un joug. Hélas! mon enfant! nous nous aimons, voilà la seule chose sûre qu'il y ait entre nous. Le temps et l'absence ne nous ont pas empêchés et ne nous empêcheront pas de nous aimer. Mais notre vie est-elle possible ensemble? La mienne est-elle possible avec quelqu'un? Cela m'effraye... Je sens que je vais t'aimer encore comme autrefois si je ne fuis pas. Je te tuerai peut-être et moi avec toi ; penses-y bien... La fatalité m'a ramenée ici. Faut-il l'accuser ou la bénir? Il y a des heures pusillanimes où l'effroi est plus fort que l'amour...

... L'amour avec toi et une vie de fièvre pour tous deux peut-être, ou bien la solitude et le désespoir pour moi seule. Dis-moi, crois-tu pouvoir être heureux ailleurs? Oui, sans doute, tu as vingt ans et les plus belles femmes du monde, les meilleures peut-être, peuvent t'appartenir. Moi, je n'ai pour t'attacher que le peu de bien, et le beaucoup de mal que je t'ai fait.

... Si tu reviens à moi, je ne peux te promettre qu'une chose, c'est d'essayer de te rendre heureux. Mais il te faudrait de la patience et de l'indulgence pour quelques moments de peur et de tristesse que j'aurai encore sans doute. Cette patience-là n'est guère de ton âge. Consulte-moi, mon ange, ma vie t'appartient et, quoi qu'il arrive, sache que je t'aime et t'aimerai.

De Lui : Quitte-moi, toi, si tu veux. Tant que tu m'aimeras, c'est de la folie. Je n'en aurai jamais la force. Écris-moi un mot. Je donnerais je ne sais quoi pour t'avoir là. Si je puis me lever j'irai te voir.

De Lui : Je t'aime, je t'aime, je t'aime. Adieu, ô mon George. C'est donc ainsi, je t'aime pourtant. Adieu, adieu, ma vie, mon bien ; adieu mes lèvres, mon cœur, mon amour. Je t'aime tant, ô Dieu !

Adieu. Toi, toi, toi, ne te moque pas d'un pauvre homme.

D'Elle : Tout cela, vois-tu, c'est un jeu que nous jouons. Mais notre cœur et notre vie seront l'enjeu et ce n'est pas tout à fait aussi plaisant que cela en a l'air. Veux-tu que nous allions nous brûler la cervelle ensemble à Franchart ? Ce sera plus tôt fait !...

Elle songe réellement à ramener Musset dans cette forêt de Fontainebleau où ils furent si heureux jadis. Une amie qu'elle a là-bas, Rosanne Bourgoin, leur sera l'apaisement souhaité. Mais non! Il faut se séparer une fois pour toutes. Il faut s'en donner le courage. — Une fatalité pesait sur cet amour : tous deux se débattaient dans une détresse invincible.

> Descendez, descendez, lamentables victimes,
> Descendez le chemin de l'enfer éternel...

Le poète comprit que la situation était sans issue. Excédé de cette passion épuisante, il résolut de partir. — Le 10 novembre, il l'annonce à George Sand, ajoutant qu'il n'aura même pas le courage d'attendre son départ à elle. Il veut néanmoins qu'elle accorde à « son pauvre vieux lierre » une dernière entrevue, un dernier souvenir.

Le 12 novembre, il écrit au vigilant Tattet dont il sait l'influence si redoutée de Celle qu'il veut fuir : « Tout est fini. — Si par hasard on vous faisait quelques questions, si peut-être on allait vous voir pour vous demander à vous-même si vous ne m'avez pas vu, répondez purement que non et soyez sûr que notre secret commun est bien gardé de ma part[1]... » Et il va en Bourgogne, à Montbard, se reposer chez un de ses parents.

De son côté, George Sand est partie pour Nohant. Elle y éprouve comme lui un sentiment de délivrance. Son ami Boucoiran, qui a su la rupture, l'en félicite et elle lui répond : « Je ne vais pas mal, je me distrais et ne retournerai à Paris que guérie et fortifiée... Vous avez tort de parler comme vous faites d'Alfred. N'en parlez pas du tout si vous m'aimez et soyez sûr que c'est fini à jamais entre lui et moi[2]. »

Huit jours s'écoulent, Alfred est guéri ; mais voici que George se reprend à l'aimer, — comme elle n'a jamais aimé. Elle revient à Paris pour le voir. Il s'y refuse. Un désespoir violent s'empare de la pauvre femme. Elle va payer toutes les larmes qu'elle a fait couler à Venise.

Dans son égarement, elle coupe sa chevelure et l'envoie à Musset. Le poète touché va se rendre : ses amis le retiennent et triomphent encore. Alors elle a recours à Sainte-Beuve.

---

1. Lettre publiée par M. Clouard, article cité, p. 734.
2. Lettre du 15 novembre, citée par Mme Arvède Barine, p. 84.

Mais cette obstination à se torturer fatigue son confesseur d'autrefois :

> Voilà deux jours que je ne vous ai vu, mon ami. Je ne suis pas encore en état d'être abandonnée, de vous surtout qui êtes mon meilleur soutien. Je suis résignée moins que jamais. Je sors, je me distrais, je me secoue, mais en rentrant dans ma chambre, le soir, je deviens folle.
>
> Hier mes jambes m'ont emportée malgré moi ; j'ai été chez *lui*. Heureusement je ne l'ai pas trouvé. J'en mourrai. Je sais qu'il est froid et colère en parlant de moi ; je ne comprends pas seulement de quoi il m'accuse, à propos de je ne sais qui. Cette injustice me dévore le cœur ; c'est affreux de se séparer sur de pareilles choses.
>
> Et pas un mot, pas une marque de souvenir ! Il s'impatiente et il rit de ce que je ne pars pas. Mais, mon Dieu, conseillez-moi donc de me tuer ; il n'y a plus que cela à faire [1]!...

Elle le supplie de venir. Elle va tous les jours chez Delacroix, un bon ami, qui fait son portrait pour la *Revue* [2]. Mais le soir, elle est seule et triste. « — Seule, quelle horreur ! »

Elle traverse une crise terrible, elle va connaître des douleurs qu'elle ne soupçonnait pas. Ce même jour, 25 novembre, trop fière pour écrire à l'amant qui ne veut plus d'elle, trop

---

1. Lettre du 25 novembre, publiée par M. de Lovenjoul, article cité, p. 438.

2. Nous savons par le *Journal* du grand peintre comme les passions emphatiques de G. Sand l'impatientaient...

malheureuse aussi, elle confie ses tourments à un journal intime. Elle nous y laissera le plus sincère de son âme. Son expérience d'écrivain et de psychologue lui a proposé cette confession comme le meilleur des soulagements. Elle la continuera huit jours, épanchant le trop-plein de son cœur avec cette abondante et claire éloquence qui est tout son génie[1].

Ce soir donc, elle est allée aux Italiens, — en bousingot; — croyant se distraire, elle s'y est ennuyée. On l'a remarquée, on l'a trouvée jolie. Jolie pour qui, hélas! Ces compliments-là, depuis huit jours la laissent insensible. — Elle a posé chez Delacroix, qui lui a fait plaisir en lui vantant les croquis de l'album d'Alfred. Elle n'a pu résister au besoin de lui parler de sa douleur. Il lui a conseillé de ne pas avoir de courage : « Laissez-vous aller, disait-il; quand je suis ainsi, je ne fais pas le fier, *je ne suis pas né romain*. Je m'abandonne à mon désespoir; il me ronge, il m'abat, il me tue; quand il en a assez, il se lasse à son tour, et il me quitte. »

1. G. Sand remit plus tard ce journal intime à Musset. Mme Jaubert, chez qui le poète l'avait déposé, en prit copie. Il est inédit. Mais P. de Musset s'en est servi dans *Lui et Elle*, chap. xv. Maintes phrases sont textuellement reproduites. Mme Arvède Barine en a donné aussi de courts fragments, pp. 85-87.

Son chagrin à elle augmente tous les jours. Elle se retient d'aller casser le cordon de la sonnette d'Alfred jusqu'à ce qu'il lui ouvre, de se coucher en travers de sa porte...

...Si je me jetais à son cou, dans ses bras; si je lui disais : « Tu m'aimes encore, tu en souffres, tu en rougis, mais tu me plains trop pour ne pas m'aimer. Tu vois bien que je t'aime, que je ne peux aimer que toi; embrasse-moi, ne me dis rien, ne discutons pas. Dis-moi quelques douces paroles, caresse-moi puisque tu me trouves encore jolie malgré mes cheveux coupés, malgré les deux grandes rides qui se sont formées depuis l'autre jour sur mes joues. Eh bien, quand tu sentiras ta sensibilité se lasser et ton irritation revenir, renvoie-moi, maltraite-moi, mais que ce ne soit jamais avec cet affreux mot : *dernière fois !* Je souffrirai tant que tu voudras; mais laisse-moi quelquefois, ne fût-ce qu'une fois par semaine, venir chercher une larme, un baiser, qui me fasse vivre et me donne du courage. — Mais tu ne peux pas ! Ah ! que tu es las de moi ! Et que tu t'es vite guéri aussi, toi ! Hélas, mon Dieu, j'ai de plus grands torts certainement que tu n'en eus à Venise, quand je me consolai. Mais tu ne m'aimais pas, et la raison égoïste et méchante me disait : *Tu fais bien !* A présent, je suis encore coupable à tes yeux, mais je le suis dans le passé. Le présent est beau et bon encore : je t'aime; je me soumettrais à tous les supplices pour être aimé de toi et tu me quittes ! Ah ! pauvre homme ! vous êtes fou. C'est votre orgueil qui vous conseille. Vous devez en avoir, le vôtre est beau, parce que votre âme est belle, mais votre raison devrait le faire taire et vous dire : « Aime cette pauvre femme, tu es bien sûr de ne pas trop l'aimer à présent, que crains-tu ? Elle ne sera pas trop exigeante, l'infortunée. Celui des deux qui aime le moins est celui qui souffre le moins. C'est le moment de l'aimer ou jamais. »

Ses fautes ont profité à son âme. Elle a besoin d'un bras solide pour la soutenir et d'un cœur sans vanité pour l'accueillir et la conserver. « Mais ces hommes-là sont des chênes noueux dont l'écorce repousse, et toi, poëte, belle fleur, j'ai voulu boire ta rosée, elle m'a enivrée, elle m'a empoisonnée, et dans un jour de colère j'ai cherché un contrepoison qui m'a achevée... »

Son épanchement douloureux remplit des pages et des pages. Elle le reprend au bout de trois jours pour consigner les précieuses confidences de trois de ses amis célèbres sur l'amour :

Liszt me disait ce soir qu'il n'y avait que Dieu qui méritait d'être aimé. C'est possible, mais quand on aime un homme, il est bien difficile d'aimer Dieu. C'est si différent! Il est vrai que Liszt ajoutait qu'il n'a eu de vive sympathie dans sa vie que pour M. de Lamennais, et que jamais un amour terrestre ne s'emparerait de lui. Il est bien heureux, ce petit chrétien-là! J'ai vu Heine ce matin. Il m'a dit qu'on n'aimait qu'avec la tête et les sens, et que le cœur n'était que pour bien peu dans l'amour. J'ai vu Mme Allart à 2 heures, elle m'a dit qu'il fallait *ruser* avec les hommes et faire semblant de se fâcher pour les ramener. Il n'y a que Sainte-Beuve qui ne m'ait pas fait de mal et qui ne m'ait pas dit de sottise. Je lui ai demandé ce que c'était que l'amour, et il m'a répondu : « Ce sont les larmes ; vous pleurez, vous aimez. » Oh ! oui, mon pauvre ami, j'aime ! J'appelle en vain la colère à mon secours. J'aime, j'en mourrai, ou Dieu fera un miracle pour moi : il me donnera l'ambition littéraire ou la dévotion : il faut que j'aille trouver sœur Marthe[1].

Que faire ? L'isolement la tue : elle ne peut pas travailler. Son journal désormais la consolera tous les soirs.

Elle est retournée aux Italiens. Mais la musique lui fait du mal. Et puis toutes ces femmes blondes, blanches, parées, « ce champ où Fantasio ira cueillir ses bluets !... » Qui d'entre elles saura l'aimer comme Elle l'aime ? Il dit maintenant, il pense peut-être qu'elle joue une comédie, — et elle en meurt. Où est le temps de ces lettres d'amour qu'elle recevait en Italie ? « Oh ! ces lettres que je n'ai plus ! que j'ai tant baisées, tant arrosées de larmes, tant collées sur mon cœur nu, quand l'autre ne me voyait pas ! »

Et elle revient à tout ce passé de Venise, longuement, douloureusement[2]... N'a-t-elle pas

---

1. La religieuse du couvent des Augustines où avait été élevée G. Sand et auprès de qui elle alla se recueillir plusieurs fois après son mariage. — Est-ce cette amitié pour sœur Marthe qu'évoquent Camille et Perdican dans : *On ne badine pas avec l'amour* ?

2. Ici le passage que nous avons donné plus haut, p. 122.

assez expié? Ne voilà-t-il pas, depuis des semaines, assez de terreurs, de frissons, de prières éperdues dans les églises... Un de ces soirs, à Saint-Sulpice, une voix lui a crié : Confesse et meurs! — « Hélas! j'ai confessé le lendemain et je n'ai pas pu mourir. » Car on ne meurt pas, on souffre, on s'assoupit dans d'affreux rêves... Que ne peut-elle aimer quelqu'un, que ne retrouve-t-elle « cette féroce vigueur de Venise », qui fut son crime, un crime qui la tue dans une trop longue agonie.

Vraiment, toi, cruel enfant, pourquoi m'as-tu aimée, après m'avoir haïe? Quel mystère s'accomplit en toi chaque semaine? Pourquoi ce *crescendo* de déplaisir, de dégoût, d'aversion, de fureur, de froide et méprisante raillerie? Et puis tout à coup, ces larmes, cette douleur, cet amour ineffable qui revient? Tourment de ma vie! Amour funeste! Je donnerais tout ce que j'ai reçu pour un seul jour de ton effusion! Mais *jamais!* jamais! C'est trop affreux! Je ne peux pas croire cela! Je vais y aller! J'y vais! — Non! — Crier, hurler, mais il ne faut pas y aller. Sainte-Beuve ne veut pas.

Enfin, c'est le retour de votre amour à Venise, qui a fait mon désespoir et mon crime. Pouvais-je parler? Vous n'auriez plus voulu de mes soins, vous seriez mort de rage en les subissant. Et qu'auriez-vous fait sans moi, pauvre colombe mourante? Ah Dieu, je n'ai jamais pensé un instant à ce que vous aviez souffert, à cause de cette maladie et à cause de moi, sans que ma poitrine se brisât en sanglot. Je vous trompais, et j'étais là entre deux hommes, l'un qui me disait :

« Reviens à moi, je réparerai mes torts, je t'aimerai, je mourrai sans toi. » Et l'autre, qui disait tout bas, dans mon autre oreille : « Faites attention, vous êtes à moi, il n'y a plus à en revenir, mentez! Dieu le veut, Dieu vous absoudra. » Ah! pauvre femme! pauvre femme! c'est alors qu'il fallait mourir!

Suspendons un moment ce résumé banal et froid de la précieuse confession. Aussi bien présente-t-elle ici une lacune de plusieurs jours. Et revenons à Sainte-Beuve. — Il est allé voir George Sand. Il a consenti à prier Musset de ne point abandonner la malheureuse. Mais le poète est décidé à ne pas reprendre sa chaîne. Il écrit donc au complaisant intercesseur :

Je vous suis bien reconnaissant, mon ami, de l'intérêt que vous avez bien voulu prendre, dans ces tristes circonstances, à moi et à la personne dont vous me parlez aujourd'hui. Il ne m'est plus possible maintenant de conserver, sous quelque prétexte que ce soit, des relations avec elle, ni par écrit ni autrement. J'espère que ses amis ne croiront pas voir dans cette résolution aucune intention offensante pour elle, ni aucun dessein de l'accuser en quoi que ce soit. S'il y a quelqu'un à accuser là dedans, c'est moi, qui, par une faiblesse bien mal raisonnée, ai pu consentir à des visites fort dangereuses sans doute, comme vous me le dites vous-même. Madame Sand sait parfaitement mes intentions présentes, et si c'est elle qui vous a prié de me dire de ne plus la voir, j'avoue que je ne comprends pas bien par quel motif elle l'a fait, lorsque hier soir même, j'ai refusé positivement de la recevoir à la maison...

Il ajoute qu'il espère bien que ses bonnes relations avec Sainte-Beuve se maintiendront : « Vous feriez de moi un *cruel* si vous me laissiez croire que pour vous voir il faut que je sois brouillé avec ma maîtresse[1]. »

George Sand a compris que Musset était excédé. Elle va essayer de la résignation. Elle écrit à Sainte-Beuve le 28 novembre[2] :

> Tâchez, mon ami, de venir me voir aujourd'hui. Je vous espère et ne vous écris que pour être sûre. Je n'ai plus même l'espoir de terminer doucement cet amour si orageux et si cruel. Il faut qu'il se brise et mon cœur avec !
>
> Il faut de la force, donnez-m'en ; ne cherchez plus à me faire espérer, c'est pire. Ne vous ennuyez pas trop de mon désespoir ; j'en ai tant que je ne peux pas le porter.

Un passage de la cinquième de ses *Lettres d'un voyageur*, le récit des amours de Watelet et de Marguerite Leconte, fait allusion à cette crise de son âme[3]. Mais le journal in-

---

1. Lettre publiée par M. de Lovenjoul, article cité, p. 439.
2. *Id.*, p. 439.
3. Remarque de M. de Lovenjoul (article cité de *Cosmopolis*, p. 440). — Cette cinquième Lettre a paru dans la *Revue des Deux Mondes* du 15 janvier 1835 sous le titre de *Lettres d'un oncle*.

time que nous citions plus haut va nous la préciser davantage.

Musset a refusé de revoir sa maîtresse, et puis il y a consenti, mais sans lui rendre encore son amour. Elle comprend, dans sa subtilité de femme, qu'il agit par faiblesse, car le monde est entre eux. « ... Tu ne peux pas ôter de devant tes yeux l'injure qui t'a été faite par moi, mais tu ne peux pas ôter de ton cœur la compassion et l'amitié. Pauvre Alfred ! Si personne ne le savait, comme tu me pardonnerais ! »

Musset a peur de se laisser reprendre à son amour, mais il en meurt d'envie. Il feint d'être jaloux de Liszt. Le brave Buloz a conseillé à George Sand de renvoyer le musicien. Elle n'a aucun motif pour le renvoyer. « Si elle avait pu aimer M. Liszt, elle l'aurait aimé de colère. » Mais c'est chose impossible à son cœur. — « Ah ! mon cher bon, s'écrie-t-elle, si tu pouvais être jaloux de moi, avec quel plaisir je renverrais tous ces gens-là ! » Hélas ! elle n'ambitionne pas encore l'amour, mais seulement l'estime de son cruel ami. Elle l'a dit à Buloz ; c'est son idée fixe ; elle sera résignée et patiente ; elle se régénérera. Pour se réhabiliter à *ses* yeux, elle s'entourera d'hommes purs et distingués, Liszt, Delacroix, Berlioz, Meyerbeer. On la plaisantera encore et il prendra une maîtresse; mais la vérité triomphera. Et cet invincible amour se fait humble jusqu'à la faiblesse, comme pour effacer le souvenir des fautes et de la fierté de jadis.

...Quand j'aurai mené cette vie honnête et sage, assez longtemps pour prouver que je peux la mener, j'irai, ô mon amour, te demander une poignée de main. Je n'irai pas te tourmenter de jalousies et de persécutions inutiles; je sais bien que quand on n'aime plus, on n'aime plus. Mais ton amitié, il me la faut, pour supporter l'amour que j'ai dans le cœur, et pour empêcher qu'il me tue. Oh! si je l'avais aujourd'hui. Hélas! que je suis pressée de l'avoir! Qu'elle me ferait de bien! Si j'avais quelques lignes de toi de temps en temps! Un mot, la permission de t'envoyer de temps en temps une petite image de 4 sous, achetée sur les quais, des cigarettes faites par moi, un oiseau, un joujou! Quelque chose pour tromper ma douleur et mon ennui; pour me figurer que tu penses un peu à moi en recevant ces niaiseries! — Oh! ce n'est pas du calcul, de la prudence, la crainte du monde; sacré Dieu, ce n'est pas cela! Je dis mon histoire à tout le monde; on la sait, on en parle, on rit de moi; cela m'est à peu près égal.

Musset n'a pas caché à son amie qu'il veut se délivrer de cette passion éternellement menaçante, comme d'un fardeau trop lourd pour sa faiblesse. Ils ont dîné ensemble. Le poète lui a vanté sa maîtresse du moment. Elle a compris toute la bassesse de la jalousie, et sa naturelle bonté, aidée par son orgueil, la pousse maintenant à souhaiter que cette femme l'apaise et le console : « Qu'elle lui apprenne à croire. Hélas ! moi je ne lui ai appris qu'à nier ! »

Ce mois de décembre 1834 fut lamentable à George Sand. La pauvre Lélia connut le désespoir. La fin de son journal intime nous dévoile les affres d'agonie par où passa son cœur. Le fantôme du suicide hanta réellement cette âme désemparée qui vivait les douleurs de ses fictions romantiques. Mais sa tendresse profonde pour ses enfants l'en détourna, et aussi la brûlante hantise de cet autre enfant qui tenait décidément tant de place dans son être amoureux.

> Pourquoi m'avez-vous réveillée, ô mon Dieu, quand je m'étendais avec résignation sur cette couche glacée ? Pourquoi avez-vous fait repasser devant moi ce fantôme de mes nuits brûlantes ? Ange de mort, amour funeste, ô mon destin, sous la figure d'un enfant blond et délicat ! Oh ! que je t'aime encore, assassin ! Que tes baisers me brûlent donc vite et que je meure consumée ! Tu jetteras mes cendres au vent, elles feront pousser des fleurs qui te réjouiront.
>
> Quel est ce feu qui dévore mes entrailles ? Il semble qu'un volcan gronde au dedans de moi et que je vais éclater comme un cratère. O Dieu, prends donc pitié de cet être qui souffre tant !

...O mes yeux bleus, vous ne me regardez plus ! Belle tête, je ne te verrai plus t'incliner sur moi et te voiler d'une douce langueur ! Mon petit corps souple et chaud, vous ne vous étendrez plus sur moi, comme Élisée sur l'enfant mort, pour me ranimer. Vous ne me toucherez plus la main, comme Jésus à la fille de Jaïre, en disant : « Petite fille, lève-toi. » Adieu mes cheveux blonds ! Adieu mes blanches épaules ! Adieu tout ce que j'aimais, tout ce qui était à moi ! J'embrasserai maintenant dans mes nuits ardentes le tronc des sapins et des rochers, dans les forêts, en criant votre nom ; et quand j'aurai rêvé le plaisir, je tomberai évanouie sur la terre humide !

Le merveilleux instinct de poétisation ! Quelle femme profondément femme était cet écrivain de génie.

Cette confession des premiers jours de décembre 1834, si franchement belle, où la pauvre femme se débat entre sa faiblesse désespérée et ce qui lui reste d'orgueil, mérite d'être connue tout entière. Elle absout George Sand de bien des erreurs. C'est pourquoi je n'ai pas eu de scrupule à en détacher, indiscrètement, quelques passages. — Elle se demande, dans sa douleur, quel mal elle a fait pour connaître ce châtiment, « cet amour de lionne ». — « Pourquoi mon sang s'est-il changé en feu et pourquoi ai-je, comme au moment de mourir, des embrassements plus fougueux que ceux des hommes?... Tu veux donc que je me tue; tu me dis que tu me le défends, et cependant que deviendrai-je loin de toi, si cette flamme continue à me ronger! » — Et pourquoi ne se tuerait-elle pas? Ses enfants?... Le déchirement qu'elle éprouve à l'idée de les abandonner, ne serait-il pas une absolution devant Dieu!... Elle songe alors au chagrin qu'aurait son Maurice, et cette affreuse vision détourne d'elle la tentation maudite. « — Oh! mon fils! Je veux que tu lises ceci un jour, et que tu saches combien je t'ai aimé. »

Le lendemain, elle confie à son journal ses impressions d'une rencontre inattendue avec Jules Sandeau, chez Gustave Papet. Voilà donc ce que devient l'amour! Ils ont causé sans embarras, en bonne amitié. Sandeau s'est disculpé d'avoir trempé dans les potins de Planche, de Pyat et des autres. Et ils se sont promis de ne pas s'éviter désormais... C'est comme un apaisement qu'elle éprouve de cette rencontre.

Mais deux jours se passent, et de nouveau elle souffre atrocement. Alfred ne l'aime plus. Elle était bien malade quand il l'a quittée hier soir, et il n'a pas envoyé prendre de ses nouvelles. « Je l'ai espéré et attendu, minute par minute, depuis 11 heures du matin jusqu'à minuit. Quelle journée ! Chaque coup de sonnette me faisait bondir... Tu m'aimes encore avec les sens et plus que jamais ainsi. Et moi aussi, je n'ai jamais aimé personne et je ne t'ai jamais aimé de la sorte. Mais je t'aime aussi avec toute mon âme, et toi tu n'as pas même d'amitié pour moi. » — D'ailleurs, il désire qu'elle parte. — « Pardonne-moi de t'avoir fait souffrir et sois bien vengé. » — Elle partira.

— Musset s'était montré plus fort que ses amis ne l'avaient espéré. Sans doute aussi son amour cédait-il à l'excès des souffrances, y laissant entrer l'orgueil à son tour.

Il éprouva d'abord un grand soulagement du départ de George Sand. Celle-ci, qui n'avait pas rompu encore avec M. Dudevant, rentrait à Nohant pour la troisième fois depuis son retour de Venise. — A peine installée, elle écrit à son cher confident Sainte-Beuve, et lui expose l'état de son cœur. Il lui a fallu quelques jours pour se reprendre ; mais le réveil a été assez doux. Elle a retrouvé ses fidèles amis. Alfred lui a écrit affectueusement, « se repentant beaucoup de ses violences. Son cœur est si bon dans tout cela ! » — « Je ne désire plus le revoir, ajoute-t-elle, cela me fait trop de mal. Mais il me faudra de la force pour lui refuser des entrevues... Il ne m'aime plus, mais il est toujours tendre et repentant après la colère... et je me retrouverai tout à coup l'aimant et ayant travaillé en vain à me détacher. » Et elle promet à Sainte-Beuve qu'elle aura la force de le fuir [1].

Vaines paroles! Un mois s'écoule à peine, George Sand est de retour à Paris. Elle retrouve Musset qui, lui non plus, ne peut se passer d'elle, et c'est par un cri de triomphe qu'elle nous apprend cette nouvelle victoire de l'amour. Se souvenant d'Alfred Tattet avant tous, — son ennemi pour avoir été trop l'ami du repos de Musset, — elle lui écrit le 14 janvier 1835 : « Monsieur, il y a des opérations chirurgicales fort bien faites et qui font honneur à l'habileté du chirurgien, mais qui n'empêchent pas la maladie de revenir. En raison de cette possibilité, Alfred est redevenu mon amant. » Et sans rancune, elle l'invite à dîner *chez eux* [2].

Tattet garda ses convictions et son attitude. Six semaines plus tard, craignant d'être compromise au sujet des tableaux que Pagello avait apportés d'Italie, dans la discrétion dont elle

---

1. *Revue de Paris* du 15 nov. 1896, p. 291.
2. Lettre publiée par M. Clouard, article cité, p. 735.

avait usé en les payant à celui-ci sans avoir réellement pu les vendre, George Sand écrivait encore à Tattet qui était resté l'ami du Vénitien, pour le prier de se charger de ses tableaux. Mais le ton de cette lettre témoigne d'hostilités persistantes : « Si votre amour de la vérité vous a commandé de me nuire, écrit-elle, il doit vous commander de me réhabiliter sous les rapports par où je le mérite[1]. »

Cette reprise des deux amants ne resta pas longtemps prospère. Elle n'était pas plus viable que les précédentes. Musset avait prononcé d'avance la condamnation de cette poursuite obstinée du bonheur. Au retour de Venise, versant son amertume résignée dans la plus touchante de ses fictions : *On ne badine pas avec l'amour*, il avait été prophète de sa propre histoire. Écoutons la plainte de Perdican :

« Orgueil, le plus fatal des conseillers humains, qu'es-tu venu faire entre cette femme et moi ? La voilà pâle et effrayée qui presse sur les dalles insensibles son cœur et son visage. Elle aurait pu m'aimer et nous étions nés l'un pour l'autre ; qu'es-tu venu faire sur nos lèvres, orgueil, lorsque nos mains allaient se joindre ?

---

1. Lettre publiée par M. Clouard, article cité, p. 736.

« Insensés que nous sommes ! Nous nous aimons. Quel songe avons-nous fait, Camille ? Quelles vaines paroles, quelle misérable folie ont passé comme un vent funeste entre nous deux ? Lequel de nous a voulu tromper l'autre[1]?... »

La triste Camille, la pauvre George Sand, répond à ces stances douloureuses, par ses lettres navrées du fatal hiver de 1835 :

« Je ne t'aime plus, mais je t'adore toujours. Je ne veux plus de toi, mais je ne puis m'en passer... Adieu. Reste, pars, seulement ne dis pas que je ne souffre pas... Mon seul amour, ma vie, mes entrailles, mon frère, mon sang, allez-vous-en, mais tuez-moi en partant. »

Il n'est plus question que de départ dans les lettres de l'un et de l'autre. Musset envoie-t-il à sa maîtresse ce billet repentant :

Mon enfant, viens me voir ce soir, je t'en prie. Je t'ai écrit sans réfléchir, et si je t'ai parlé durement, c'est sans le vouloir. Viens, si tu me crois.

le lendemain, l'ayant revue, il lui fait ses adieux, et même lui assure que sa place est retenue dans la malle-poste de Strasbourg. Ils se

---

1. *On ne badine pas avec l'amour*, acte III, sc. VIII.

renvoient chacun les objets qui appartiennent à l'autre, « les oripeaux des anciens jours de joie »; ils se disent encore adieu, et puis n'ont plus la force de partir...

Parmi ces billets un peu monotones, une dernière lettre de Musset, qui est précieuse. Le voilà sensiblement épuisé. Leur amour lui est apparu comme la réalisation tragique de *Lélia*. Sténio, c'est lui, mais vivant, non plus endormi sous les roseaux du lac, mais assistant à ses douleurs à elle, et à son agonie.

Il décrit longuement son affreux rêve, avec l'accent même, la mélancolie romantique de *Lélia*.

... Tu me disais toujours : « Voilà toute ma vie revenue, il faut me traiter en convalescente; je vais renaître. » Et, en disant cela, tu écrivais ton testament. Moi, je me disais : « Voilà ce que je ferai : je la prendrai avec moi pour aller dans une prairie; je lui montrerai les feuilles qui poussent, les fleurs qui s'aiment, le soleil qui échauffe tout dans l'horizon plein de vie. Je l'assoirai sur du jeune chaume; elle écoutera et elle comprendra bien ce que disent tous ces oiseaux, toutes ces rivières avec les harmonies du monde. Elle reconnaîtra tous ces milliers de frères, et moi pour l'un d'entre eux. Elle nous pressera sur son cœur; elle deviendra blanche comme un lis, et elle prendra racine dans la sève du monde tout-puissant. » Je t'ai donc prise et je t'ai emportée. Mais je me suis senti trop faible. Je croyais que j'étais tout jeune, parce que j'avais vécu sans mon cœur, et que je me disais toujours : « Je m'en servirai en temps et lieu. » Mais j'avais traversé un si triste pays, que mon cœur ne pouvait plus se desserrer sans souffrir, tant il avait souffert pour se serrer autant, ce qui fait que mes bras étaient allongés et tout maigres, et je t'ai laissée tomber. Tu ne m'en as pas voulu, tu m'as dit que c'était parce que tu étais trop lourde, et tu t'es retournée la face contre terre. Mais tu me faisais signe de la main pour me dire de continuer sans toi, et que la montagne était proche. Mais tu es devenue pâle comme une hyacinthe, et le tertre vert s'est roulé sur toi, et je n'ai plus vu qu'une petite éminence où poussait de l'herbe. Je me suis mis à pleurer sur ta tombe, et alors je me suis senti la force d'un millier d'hommes pour t'emporter. Mais les cloches sonnaient dans le lointain, et il y avait des gens qui traversaient la vallée en disant : « Voilà comme elle était ; elle faisait ceci, elle faisait cela, elle a fini par là. » Alors il est venu des hommes qui m'ont dit : « La voilà donc ! Nous l'avons tuée ! » Mais je me suis éloigné avec horreur en disant : « Je ne l'ai pas tuée ; si j'ai de son sang après les mains, c'est que je l'ai ensevelie, et vous, vous l'avez tuée et vous avez lavé vos mains. Prenez garde que je n'écrive sur sa tombe qu'elle était bonne, sincère et grande ; et si on vous demande qui je suis, répondez que vous n'en savez rien, attendu que je sais qui vous êtes. Le jour où elle sortira de cette tombe, son visage portera les marques de vos coups, mais ses larmes les cacheront, et il y en aura une pour moi. »

Mais toi, tu ne vois pas les miennes ! Ma fatale jeunesse n'a point sur le visage un rire convulsif ; tu m'as aimé, mais ton amour était solitaire comme le désespoir. Tu avais tant pleuré, et moi si peu ! Tu meurs muette sur mon cœur, mais je ne retournerai point à la vie, quand tu n'y seras plus. J'aimerai les fleurs de ta tombe comme je t'ai aimée. Elles me laisseront boire, comme toi, leurs doux parfums et leur triste rosée, elles se faneront comme toi sans me répondre et sans savoir pourquoi elles meurent.

Leur amour ne devait pas finir sur cette plainte résignée. Une fois encore, après d'autres orages, Musset essaye de s'enfuir. Ce dernier billet en témoigne :

Senza veder, senza parlar, toccar la mano d'un pazzo che parte domani.
(Sans se voir, sans se parler, serrer la main d'un fou qui part demain.)

Il ne put tenir sa parole, et c'est George Sand qui eut le courage d'en finir : « Non, non, c'est assez! pauvre malheureux, je t'ai aimé comme mon fils, c'est un amour de mère, j'en saigne encore. Je te plains, je te pardonne tout, mais il faut nous quitter, j'y deviendrais méchante... Plus tu perds le droit d'être jaloux, plus tu le deviens! Cela ressemble à une punition de Dieu sur ta pauvre tête. Mais, mes enfants à moi! Oh! mes enfants! Adieu! adieu! malheureux que tu es! Mes enfants! mes enfants! »

Ce n'est plus l'amour de lionne, l'amour désespéré des nuits affolées de décembre. Elle est épuisée à son tour, et la lassitude ramène la raison. Elle aura la force de briser ses liens : la mère délivre l'amante.

Sainte-Beuve a été chez Musset pour le supplier de ne plus la revoir[1]. Elle sent bien que seule l'absence empêchera le malheureux de revenir toujours. Son retour à Nohant décidé, elle écrit à Boucoiran de « l'aider à partir ». Il s'agit de « tromper l'inquiétude d'Alfred », d'arriver chez elle en feignant de mauvaises nouvelles de Mme Dupin. Elle sortira aussitôt comme pour courir chez sa mère, — mais prendra le courrier de Nohant[2].

Ainsi fut fait. Elle partit, et, le lendemain, Musset, revenant au quai Malaquais, apprit la vérité. Il écrivit encore à Boucoiran pour s'en assurer de lui-même, mais bien décidé cette fois « à respecter les volontés » de sa maîtresse[3]. Il se tint parole et tout fut fini.]

---

1. Ne l'ayant pas trouvé, il lui écrit sur une carte de visite : « Mon cher ami, je venais vous voir pour vous prier de ne plus voir ni recevoir la personne que j'ai vue ce matin si affligée. Je vous ai mal conseillé en voulant vous rapprocher trop vite. Écrivez-lui un mot bon, mais ne la voyez pas. Cela vous ferait trop de mal à tous les deux. Pardonnez-moi mon conseil à faux. — A bientôt. »

2. Lettre du 6 mars, publiée par M. de Lovenjoul, article cité, p. 443.

3. Lettre du 7 mars, publiée par M. Clouard, article cité, p. 737.

IX

A peine rentrée à Nohant, George Sand écrit à Sainte-Beuve (13 mars 1835). Elle lui reproche doucement de l'avoir abandonnée durant ces tristes semaines : sans doute l'ennuyait-elle, ou du moins se jugeait-il impuissant à la consoler. Il s'est exagéré la virilité de sa douleur. Maintenant elle est calme. Elle est partie avec la conscience de ne laisser derrière elle aucune amertume justifiée. Elle va travailler pour renaître.

Dans une lettre de la même date, elle gronde son fidèle Boucoiran, de lui mal parler de Musset. Jamais aucun mépris pour lui n'est entré dans son cœur. « Vous me dites qu'il se porte bien et qu'il n'a montré aucun chagrin. C'est tout ce que je désirais savoir... Tout mon désir était de le quitter sans le faire souffrir. S'il en est ainsi, Dieu soit loué[1] ! »

Elle eut alors une crise de foie, puis entra dans l'indifférence.

Alfred de Musset, apaisé par une résolution désormais acceptée de son cœur, se mit au travail avec énergie. Cette année 1835, la plus austère de sa vie, en fut la plus féconde.

La passion, qu'il avait accueillie comme une purification de sa jeunesse dissipée, l'avait transformé en le faisant souffrir. Il était grave : le Musset « d'avant l'Italie » avait fait place au Musset « d'après George Sand ». Un poète nouveau allait surgir. Trop faible pour chanter pendant la tourmente, son cœur en s'épurant avait instruit le recueillement de son génie. La mélancolie et la résignation permettaient un libre et pur essor à sa voix.

> J'ai vu le temps où ma jeunesse
> Sur mes lèvres était sans cesse,
> Prête à chanter comme un oiseau ;
> Mais j'ai souffert un dur martyre,
> Et le moins que j'en pourrais dire,
> Si je l'essayais sur ma lyre
> La briserait comme un roseau.

La Muse a invité le poète à chanter : la plainte lasse et impuissante d'un cœur brisé répond à

---

[1]. Lettre du 15 mars, publiée par Mme Arvède Barine.

son appel. C'est la *Nuit de Mai*. L'inspiration l'a dictée presque d'une haleine. Voici l'aube du nouveau génie de Musset. Le poète vient de se ressaisir. Il élève pieusement à ses tristes amours le monument promis, *la Confession d'un Enfant du siècle*. Il s'écoute, il se rappelle... Tout le douloureux roman de son cœur lui revient, une nuit de décembre, avec le spectre de la Solitude :

...Ce soir encor je t'ai vu m'apparaître.
 C'était par une triste nuit.
L'aile des vents battait à ma fenêtre
 J'étais seul, courbé sur mon lit.
J'y regardais une place chérie,
 Tiède encor d'un baiser brûlant ;
Et je songeais comme la femme oublie,
Et je sentais un lambeau de ma vie
 Qui se déchirait lentement.

Je rassemblais des lettres de la veille,
 Des cheveux, des débris d'amour.
Tout ce passé me criait à l'oreille
 Ses éternels serments d'un jour.
Je contemplais ces reliques sacrées,
 Qui me faisaient trembler la main ;
Larmes du cœur par le cœur dévorées,
Et que les yeux qui les avaient pleurées
 Ne reconnaîtront plus demain !

J'enveloppais dans un morceau de bure
 Ces ruines des jours heureux.
Je me disais qu'ici-bas ce qui dure,
 C'est une mèche de cheveux.

Comme un plongeur dans une mer profonde,
   Je me perdais dans tant d'oubli.
De tous côtés j'y retournais la sonde,
Et je pleurais, seul, loin des yeux du monde,
   Mon pauvre amour enseveli.

J'allais poser le sceau de cire noire
   Sur ce fragile et cher trésor,
J'allais le rendre, et n'y pouvant pas croire,
   En pleurant j'en doutais encor.
Ah! faible femme, orgueilleuse insensée,
   Malgré toi, tu t'en souviendras!
Pourquoi, grand Dieu! mentir à sa pensée?
Pourquoi ces pleurs, cette gorge oppressée,
   Ces sanglots, si tu n'aimais pas?

Oui, tu languis, tu souffres, et tu pleures;
   Mais ta chimère est entre nous.
Eh bien, adieu! Vous compterez les heures
   Qui me sépareront de vous.
Partez, partez, et dans ce cœur de glace
   Emportez l'orgueil satisfait.
Je sens encor le mien jeune et vivace,
Et bien des maux pourront y trouver place
   Sur le mal que vous m'avez fait.

Partez, partez! la Nature immortelle
   N'a pas tout voulu vous donner.
Ah! pauvre enfant, qui voulez être belle,
   Et ne savez pas pardonner!
Allez, allez, suivez la destinée;
   Qui vous perd n'a pas tout perdu.
Jetez au vent notre amour consumée; —
Éternel Dieu! toi que j'ai tant aimée,
   Si tu pars, pourquoi m'aimes-tu?

C'est sur ces plaintes de la *Nuit de Décembre*, la plus pure, la plus humaine de ses inspirations et sa plus fidèle évocation du passé, que Musset dit adieu à cette fatale année 1835.

Pour le monde, il feignit d'abord d'oublier George Sand. A son ami Tattet, qui était à Baden, comme lui l'année précédente, et souffrant comme lui d'une rupture d'amour, il écrivait le 21 juillet :

…Je crois que ce que je puis vous dire de mieux, c'est qu'il y a bientôt huit ou neuf mois, j'étais où vous êtes, aussi triste que vous, logé peut-être dans la chambre où vous êtes, passant la journée à maudire le plus beau, le plus bleu ciel du monde et toutes les verdures possibles. Je dessinais de mémoire le portrait de mon infidèle ; je vivais d'ennuis, de cigares et de pertes à la roulette. Je croyais que c'en était fait de moi pour toujours, que je n'en reviendrais jamais. Hélas! hélas! comme j'en suis revenu! Comme les cheveux m'ont repoussé sur la tête, le courage dans le ventre, l'indifférence dans le cœur, par-dessus le marché! Hélas! à mon retour, je me portais on ne peut mieux ; et si je vous disais que le bon temps, c'est peut-être celui où on est chauve, désolé et pleurant!… Vous en viendrez là, mon ami.

Le 3 août, écrivant encore à son ami, il lui disait : « Si vous voyez Mme Sand, dites-lui que je l'aime de tout mon cœur, que c'est encore la femme la plus femme que j'aie jamais connue… »

En même temps que s'était transformé le poète, l'homme avait bien changé. On se souvient du séduisant pastel tracé par Sainte-Beuve, d'un Musset débutant, offusquant presque le Cénacle par sa belle et bonne grâce, par l'aristocratie aisée de son charme et de son génie.

« C'était le printemps même, tout un printemps de poésie qui éclatait à nos yeux. Il n'avait pas dix-huit ans : le front mâle et fier, la joue en fleur et qui gardait encore les roses de l'enfance, la narine enflée du souffle du désir, il s'avançait, le talon sonnant et l'œil au ciel, comme assuré de sa conquête et tout plein de l'orgueil de la vie. Nul, au premier aspect, ne donnait mieux l'idée du génie adolescent. »

L'enfant sublime, le bon enfant, l'enfant gâté s'était fait homme, un homme froid, hautain, farouche, amer. Son instinctif besoin de distinction, sa délicatesse innée le poussaient à s'en excuser lui-même. Il trahissait malgré lui sa précoce expérience. Le mensonge de l'amour avait glacé son sourire à jamais.

Après la querelle suscitée par la publication d'*Elle et Lui*, et sur la foi de racontars parlés ou épistolaires échappés à George Sand et à ses amis depuis la mort du poète, une agaçante légende s'est établie qui nous représente Musset dégradé et perdu, à l'âge même où il publiait ses chefs-d'œuvre. Fausse et sotte légende que suffiraient à réfuter *la Confession, les Nuits, Barberine, le Chandelier, Il ne faut jurer de rien*, écrits en 1835 et 1836. On a dit et repété que Musset, dès avant le voyage de Venise, était « atteint d'alcoolisme ». L'aimable mot, et qui s'accorde bien avec l'idée que cette période d'incessant travail donne de la lucidité de son génie !... Je tiens de plus d'un témoin de sa vie, de Chenavard entre autres, que seules les dix dernières années du poète furent réellement et gravement troublées. Il ignora l'absinthe, qu'on lui a tant reprochée, jusqu'en 1842. Jeune, il se grisait parfois avec du champagne, ce qui le rendait gai, spirituel, un peu fou, sans qu'il abdiquât jamais la correction parfaite de ses manières. Un goût très vif pour la haute vie lui faisait rechercher les jeunes gens à la mode, et nous devons plus d'une de ses comédies, plus d'un de ses contes, à cet impérieux besoin de satisfaire ses goûts d'aristocrate [1]. On sait son amitié avec le duc d'Orléans.

---

1. Mme la vicomtesse de Janzé (*Étude et récits sur Alfred de Musset*, p. 58) cite quelques noms de ses amis de prédilec-

Médiocrement fortuné, il eut à cœur de ne jamais faire de dettes; il n'en laissa pas, quoi qu'on ait dit, et sa famille, qui accepta sa succession, devait la juger bientôt fructueuse.

— Et la prétendue dégradation physique du poète, si prématurée, si pénible?... Encore une légende à reviser.

Sans parler de ses quatre ou cinq liaisons fameuses, il est avéré que le tendre et séduisant Rolla inspira, dans le monde, maints caprices passionnés. On en pourrait citer une quinzaine, et des plus... honorables, jusqu'en 1850. — Toutes ces aventures pesèrent bien peu sur sa vie.

Depuis 1835, il promenait dans ses amours un sombre désenchantement. Si le Musset de George Sand n'était plus Fortunio, — l'ami de Rachel, de la comtesse polonaise, de Louise

---

tion. Avec Alfred Tattet, c'était le marquis A. de Belmont, M. Édouard Bocher, le marquis de Montebello, le prince d'Eckmühl, « qui lui prêtait ses chevaux et même quelquefois son uniforme de lancier », pour se déguiser, le comte d'Alton Shée, le marquis de Hartford, le peintre Eugène Lami, le prince de Belgiojoso. Musset fut un des cinquante fondateurs du petit cercle du Café de Paris, au boulevard de Gand. M*me* de Janzé rapporte encore, d'après Eugène Lami, que le poète regrettait de ne pas faire partie du Jockey, où il avait été *blackboulé* pour ne pas monter à cheval dans le pur style anglais adopté par ce club...

Colet ne retrouvait pas son amour de Venise. Sa rupture avec Lélia avait flétri en lui la foi et l'espérance.

— Après la plainte de sa lassitude infinie et le chant de son désespoir, après la *Nuit de Mai* et la *Nuit de Décembre*, il se révolte contre sa douleur, en prend à témoin le poète « qui sait aimer », puis se relève à la pensée de l'immortalité. C'est la *Lettre à Lamartine* (février 1836) :

> Créature d'un jour qui t'agites une heure,
> De quoi viens-tu te plaindre et qui te fait gémir ?
> . . . .
> Tes os dans le cercueil vont tomber en poussière ;
> Ta mémoire, ton nom, ta gloire vont périr,
> Mais non pas ton amour, si ton amour t'est chère :
> Ton âme est immortelle et va s'en souvenir.

Cette austère consolation ne saurait suffire à son cœur. La créature est faite pour aimer, pour être aimée.

C'est la *Nuit d'Août* (1836) :

> Dépouille devant tous l'orgueil qui te dévore,
> Cœur gonflé d'amertume et qui t'es cru fermé ;
> Aime, et tu renaîtras ; fais-toi fleur pour éclore.
> Après avoir souffert il faut souffrir encore ;
> Il faut aimer sans cesse après avoir aimé.

Mais le souvenir de l'unique aimée veille. Le retour invincible au passé apporte la colère, la haine et le pardon... Il faudrait citer toute la *Nuit d'Octobre* (1837) :

> ... Vous saurez tout, et je vais vous conter
>   Le mal que peut faire une femme ;
> Car c'en est une, ô mes pauvres amis
>   (Hélas! vous le saviez peut-être) !
> C'est une femme à qui je fus soumis,
>   Comme le serf l'est à son maître.
> Joug détesté! c'est par là que mon cœur
>   Perdit sa force et sa jeunesse ; —
> Et cependant, auprès de ma maîtresse,
>   J'avais entrevu le bonheur.
> Près du ruisseau, quand nous marchions ensemble,
>   Le soir sur le sable argentin,
> Quand devant nous le blanc spectre du tremble
>   De loin nous montrait le chemin ;
> Je vois encore, aux rayons de la lune,
>   Ce beau corps plier dans mes bras...
> N'en parlons plus... — je ne prévoyais pas
>   Où me conduisait la Fortune.
> Sans doute alors la colère des dieux
>   Avait besoin d'une victime ;
> Car elle m'a puni comme d'un crime
>   D'avoir essayé d'être heureux.
>
> . . . .
>
> Va-t'en, retire-toi, spectre de ma maîtresse !
> Rentre dans ton tombeau, si tu t'en es levé ;
> Laisse-moi pour toujours oublier ma jeunesse,
> Et, quand je pense à toi, croire que j'ai rêvé !
>
> . . . .
>
>   Honte à toi qui la première
>   M'as appris la trahison,
>   Et d'horreur et de colère
>   M'as fait perdre la raison !

Honte à toi, femme à l'œil sombre,
Dont les funestes amours
Ont enseveli dans l'ombre
Mon printemps et mes beaux jours !
C'est ta voix, c'est ton sourire,
C'est ton regard corrupteur,
Qui m'ont appris à maudire
Jusqu'au semblant du bonheur,
C'est ta jeunesse et tes charmes
Qui m'ont fait désespérer,
Et si je doute des larmes,
C'est que je t'ai vu pleurer.

. . . .

O mon enfant ! plains-la, cette belle infidèle,
Qui fit couler jadis les larmes de tes yeux ;
Plains-la ! c'est une femme, et Dieu t'a fait, près d'elle,
Deviner, en souffrant, le secret des heureux.
Sa tâche fut pénible ; elle t'aimait peut-être ;
Mais le destin voulait qu'elle brisât ton cœur.
Elle savait la vie et te l'a fait connaître ;
Une autre a recueilli le fruit de ta douleur.
Plains-la ! son triste amour a passé comme un songe ;
Elle a vu ta blessure et n'a pu la fermer.
Dans ses larmes, crois-moi, tout n'était pas mensonge,
Quand tout l'aurait été, plains-la ! tu sais aimer.

. . . .

Je te bannis de ma mémoire,
Reste d'un amour insensé,
Mystérieuse et sombre histoire
Qui dormiras dans le passé !
Et toi qui, jadis, d'une amie
Portas la forme et le doux nom,
L'instant suprême où je t'oublie
Doit être celui du pardon.

> Pardonnons-nous; — je romps le charme
> Qui nous unissait devant Dieu;
> Avec une dernière larme
> Reçois un éternel adieu.

George Sand n'avait pas l'âme d'une inconsolable. Sa romanesque sensibilité se canalisait vite en littérature. Une imagination pratique la tempérait, qui lui laissait peu croire aux cris désespérés des poètes, à la sincérité de leur douleur. Navrante est sa première impression des *Nuits de Mai* et *de Décembre :* « Je n'ai pas vu Musset, écrit-elle à Liszt, je ne sais s'il pense à moi, si ce n'est quand il a envie de faire des vers et de gagner cent écus à la *Revue des Deux Mondes*. Moi je ne pense plus à lu depuis longtemps, et même je vous dirai que je ne pense à personne dans ce sens-là. Je suis plus heureuse comme je suis que je ne l'ai été de ma vie. La vieillesse vient. Le besoin des grandes émotions est satisfait outre mesure[1]... »

Elle comprendra mieux la *Confession d'un Enfant du siècle*. Le poète lui est plus indulgent, puisqu'il prend pour lui tous les torts. Elle fait part de l'émotion que lui a donnée

---

1. Lettre du 5 mai 1836, citée par S. Rocheblave : *Une amitié romanesque : George Sand et Mme d'Agoult*, dans l *Revue de Paris* du 15 décembre 1894.

cette lecture à une nouvelle amie, Mme d'Agoult, qui cache à Genève sa lune de miel avec Liszt :

> ... Je vous dirai que cette *Confession d'un Enfant du siècle* m'a beaucoup émue en effet. Les moindres détails d'une intimité malheureuse y sont si fidèlement rapportés depuis la première heure jusqu'à la dernière, depuis la *sœur de charité* jusqu'à l'*orgueilleuse insensée*, que je me suis mise à pleurer comme une bête en fermant le livre. Puis, j'ai écrit quelques lignes à l'auteur pour lui dire je ne sais quoi : que je l'avais beaucoup aimé, que je lui avais tout pardonné, et que je ne voulais jamais le revoir. Ces trois choses sont vraies et immuables. Le pardon va chez moi jusqu'à ne jamais concevoir une pensée d'amertume contre le meurtrier de mon amour, mais il n'ira jamais jusqu'à regretter la torture. Je sens toujours pour lui, je vous l'avouerai bien, une profonde tendresse de mère au fond du cœur. Il m'est impossible d'entendre dire du mal de lui sans colère, et c'est pourquoi quelques-uns de mes amis s'imaginent que je ne suis pas bien guérie. Je suis aussi bien guérie cependant de lui que l'empereur Charlemagne du mal de dents. Le souvenir de ses douleurs me remue profondément quand je me retrace ces scènes orageuses. Si je les voyais se renouveler, elles ne me feraient plus le moindre effet. Je n'ai plus la foi. Ne me plaignez donc pas, belle et bonne fille de Dieu. Chacun goûte un bonheur, selon son âme. J'ai longtemps cru que la passion était mon idéal. Je me trompais, ou bien j'ai mal choisi[1].

Cette page était sincère. George Sand apparaît à la fois comme une amoureuse romanesque

---

1. *Revue de Paris* du 15 décembre 1894, p. 812.

et une amante pessimiste, en cela semblable à Chateaubriand son maître[1]. Un éternel conflit entre son imagination et son expérience, l'empêchant de s'abîmer dans une passion, lui a gardé son optimisme. Sa liaison avec Musset, si meurtrière à l'âme du poète, si elle lui fut douloureuse entre toutes, la posséda moins cependant que ses liaisons avec Michel de Bourges et Pierre Leroux, en qui elle trouvait les dominateurs dont avait besoin son orgueil. Chopin comme Musset, enfants trop sensibles, devaient s'y briser.

Mais George Sand, dans son obsession même de la virilité, et son perpétuel besoin de se convaincre d'un tempérament qu'elle n'avait pas, était surtout trop aventureuse, — « curieuse excessive », la qualifiait Dumas fils[2],

---

[1]. La psychologie de Lélia n'est pas sans rappeler un peu celle de René, avec moins de race toutefois dans la mélancolie. Ne pourrait-on pas appliquer à tous deux cette observation de M. Albalat dans une pénétrante étude sur *Chateaubriand et ses amoureuses* : « Ses amours ne furent ni spontanées ni involontaires ; il répondit presque toujours aux sentiments qu'on éprouvait pour lui et il eut le tort de ne pouvoir s'en défendre plutôt que celui de les provoquer. » (ALBALAT, *le Mal d'écrire*, p. 269.)

[2]. Lettre citée par M. Émile Berr, *Figaro* du 16 décembre 1896 :

« Mme Sand a de petites mains sans os, moelleuses, ouateuses, presque gélatineuses. C'est donc fatalement une curieuse

— pour rester insensible au charme, sous les formes de la faiblesse, de la tendresse et de la poésie. Aussi les douleurs de Musset, qu'elle savait sincères, accompagnèrent-elles longtemps, et à ses propres yeux, la légende même de son âme.

Ils s'écrivirent deux ou trois fois, depuis la rupture, avec un reste d'affection d'abord, puis, les amis aidant, avec aigreur. La réclamation réciproque de leurs lettres, où ils sentaient « avoir laissé une bonne part d'eux-mêmes », perpétua entre eux le malaise des souvenirs, jusqu'à la mort de Musset (1857). Dix-huit mois après, George Sand jugea bon de peindre à sa manière et d'interpréter en sa faveur ce douloureux roman d'amour. Paul de Musset lui répondit, puis d'autres s'en mêlèrent, et la légende était créée [1].

excessive, trompée, déçue dans ses incessantes recherches, mais non une passionnée. C'est en vain qu'elle voudrait l'être, elle ne le peut pas ; sa nature physique s'y refuse... etc. »

1. Outre *Elle et Lui*, *Lui et Elle*, *Lui*, de Mme Louise Colet, et les articles documentaires que nous avons signalés, le roman de George Sand et de Musset a encore suscité deux volumes, oubliés depuis la polémique de 1860 : *Eux, drame contemporain*, par Moi (M. Alexis Doinet), et *Eux et Elles, histoire d'un scandale*, par M. de Lescure. Ajoutons qu'il a été mis au théâtre par un poète marseillais, M. Auguste Marin : *Un amour de Musset*, un acte en vers, 1879.

Les légendes ne se trompent guère. Ce livre vient de préciser ce qu'on avait pu pressentir des héros de cette aventure. Mère admirable et dangereuse amante, celle que Victor Hugo a appelée « la Grande Femme », Renan « la Harpe éolienne de notre temps », fut en effet mieux qu'une femme, la femme elle-même, dans son panthéisme d'amour et de pensée, sa bonté instinctive, sa fatalité d'élément. Trop généreux, trop faible aussi, pour la dompter ou se défendre d'elle, le poète de l'amour et de la jeunesse ne lui a répondu que par son génie. Or son génie était son cœur, et tous les cœurs ont pleuré sa souffrance. — « Paix et pardon, voilà toute la conclusion, écrivait George Sand à Sainte-Beuve ; mais dans l'avenir un rayon de vérité sur cette histoire. » Il n'est d'autre vérité en amour que l'amour même. Musset avait pardonné lui aussi, pardonné en silence : il avait aimé George Sand jusqu'à son dernier jour.

FIN

TABLE DES MATIÈRES

Introduction.   i

I. — George Sand et Musset en 1833.
    Leurs débuts. — Leur génie. — Leurs caractères. — Première jeunesse de George Sand.   1

II. — George Sand et ses amis (janvier-juin 1833).
    Sainte-Beuve. — Gustave Planche. — Liaison avec Mérimée. — Le groupe de la *Revue des Deux Mondes*   16

III. — Les premières amours de George Sand et de Musset (juin-décembre 1833).
    Relations d'amitié. — *Lélia*. — Musset et Gustave Planche. — L'intérieur de George Sand. — Le duel de Planche. — La forêt de Fontainebleau. — Départ pour l'Italie.   35

IV. — Le roman de Venise (19 janvier-30 mars 1834).
    La descente du Rhône : Stendhal. — A Gênes. — Arrivée à Venise. — A l'hôtel Danieli. — La maladie de Musset. — Le D' Pagello. — Son journal. — La déclaration de Lélia. — George Sand et Pagello. — Lettre d'amour. — Jalousie de Musset. — Alfred Tattet à Venise. — Le chagrin de Musset. — Son départ . .   71

V. — La Vie de George Sand et du D' Pagello a Venise (avril-août 1834).
    Installation de George Sand. — Ses rapports avec M. Dudevant. — Pagello poète. — Les *Lettres d'un voyageur*. — La *Casa Mezzani*. — Giulia P... — Robert Pagello. .   133

VI. — Le retour de Musset. — Correspondance entre Paris et Venise (avril-août 1834).

Le voyage de Musset. — Antonio. — La lettre de Genève. — Souvenir des Alpes. — Arrivée de Musset à Paris. — Sa détresse physique et morale. — Convalescence d'amour. . 146

VII. — G. Sand, Pagello et Musset a Paris (août-octobre 1834).

Voyage de G. Sand et de Pagello. — Leur arrivée à Paris. — Boucoiran. — Entrevue de G. Sand et de Musset. — Musset à Baden. — Lettres d'amour. — Pagello jaloux. — G. Sand à Nohant. — Retour de Musset. — Vie de Pagello à Paris. — Son départ. 182

VIII. — Le drame d'amour (octobre 1834-mars 1835).

Reprise d'amour. — Impuissance de bonheur. — Nouvelle séparation. — Deuxième séjour à Nohant. — G. Sand revient désespérée. — Son Journal intime. — Delacroix, Liszt, Sainte-Beuve. — Humilité d'amour. — Lassitude de Musset. — Influence d'Alfred Tattet. — Troisième départ pour Nohant. — Deuxième reprise d'amour. — Sainte-Beuve, Boucoiran. — Rupture. 213

IX. — Après la rupture.

Résignation et Indifférence. — *Les Nuits.* — Musset transformé. — Musset dandy. — Ses amis et son monde. — L'intempérance de Musset. — La passion chez G. Sand. — La femme de lettres. — Elle et Lui. — Leur légende. — Conclusion. 244

Paris. — Typ. Chamerot et Renouard, 19, rue des Saints-Pères. — 34380.

La Nouvelle Revue

POLITIQUE, LITTÉRAIRE
SCIENTIFIQUE ET ÉCONOMIQUE

FONDATRICE-DIRECTRICE

Mme JULIETTE ADAM

PRINCIPAUX COLLABORATEURS :

Jean Aicard, Paul Arène, A. Albalat, Paul Adam, Bernard d'Attanoux, Mary-Anne de Bovet, Léon Bourgeois, Henri de Bornier, Maurice Bouchor, Prince G. Bibesco, Victor du Bled, Madame Arvède Barine, Paul Bourget, Georges Couanon, Marquis de Castellane, François Coppée, Jules Case, Chantavoine, Léo Claretie, Cunéo d'Ornano, Alphonse et Léon Daudet, Descubes, Jean Flammarion, Funck-Brentano, De Freycinet, Maurice de Fleury, Gréard, Louis Gallet, Grandmougin, De Heredia, Henry Houssaye, Haraucourt, Ibsen, Prince Karageorgewitch, Leroy-Beaulieu, Pierre Loti, Levasseur, A. Lebon, Ledrain, Comte de Mouy, Prince de Monaco, De Marcère, De Mahy, Camille Mauclair, Le Myre de Vilers, Stanislas Meunier, Ménant,

G. Montorgueil, A. Muteau, Paul Mariéton, Comtesse de Martel, Comte Robert de Montesquiou, F. Mistral, Eugène Muntz, Paul et Victor Margueritte, Pierre de Nolhac, Madame de Novikof, Paul Olivier, Perrens, Alfred Rambaud, Jean Richepin, Rodocanachi, Édouard Rod, J.-H. Rosny, Sully Prudhomme, J. Sigaux, Christian Schefer, G. Sénéchal, André Theuriet, Louis Ulbach, A. Valabrègue, Prince de Valori, Vera Vend, Watbled.

Administration et Rédaction, 27, rue de Richelieu, PARIS

PRIX DE L'ABONNEMENT :

Paris, Seine et Seine-et-Oise	50 fr.	26 fr.	14 fr.
Départements et Alsace-Lorraine	56 fr.	29 fr.	15 fr.
Étranger	62 fr.	32 fr.	17 fr.

Les Abonnements partent du 1ᵉʳ et du 15 de chaque mois

Un Numéro spécimen est envoyé franco contre **2 fr. 50** en Mandat ou Timbres-poste.

La Nouvelle Revue entre dans sa vingtième année. Aucune autre publication de cet ordre n'avait atteint en France cette durée, si ce n'est *la Revue des Deux Mondes*.

La Nouvelle Revue étudie particulièrement les problèmes sociaux, les questions militaires et maritimes, la politique étrangère et intérieure, dans des articles généraux et dans des chroniques de quinzaine. **La Nouvelle Revue** a pris à cœur de tenir ses lecteurs sans cesse en éveil sur ce qui intéresse la défense nationale et la vie morale et matérielle de la France.

Nul n'ignore le rôle joué par **La Nouvelle Revue** et par sa Directrice dans les préludes d'entente et dans le rapprochement qui a eu lieu entre deux grandes nations : la Russie et la France.

Elle a été fondée et elle est dirigée par Mᵐᵉ Juliette Adam. Les noms des collaborateurs dont la mort seule a détaché quelques fidèles prouvent assez quelle a été l'importance des travaux publiés par **La Nouvelle Revue** et de quelles ressources elle dispose pour sa collaboration présente.

www.ingramcontent.com/pod-product-compliance
Lightning Source LLC
Chambersburg PA
CBHW050654170426
43200CB00008B/1282